2025
제28회 시험대비 전면개정

박문각 주택관리사

핵심요약집 1차
공동주택시설개론

김용규 외 박문각 주택관리연구소 편

브랜드만족
1위
박문각

수상내역
후면표기

동영상강의
www.pmg.co.kr

합격까지 박문각
합격 노하우가 다르다!

박문각
주택관리사
핵심요약집

이 책의 머리말

공동주택시설개론은 점차 회를 거듭할수록 난이도가 높아지고, 내용과 관련된 범위도 점차 확대되고 있습니다. 내용도 많고 범위도 넓기 때문에 수험생활에 투자해야 되는 시간이 만만치 않습니다. 따라서 그 넓은 범위와 많은 내용을 간추려 되도록 짧은 시간에 수험생 여러분이 잘 정리할 수 있도록 요약집을 만들었습니다.

본서의 특징은 다음과 같습니다.

첫째   누구나 알 수 있도록 꼭 필요한 내용만 추려 넣었습니다.

둘째   자주 출제되는 기출지문은 따로 정리하여 암기하도록 하였습니다.

셋째   전체적으로 파악해야 할 내용들은 박스로 정리하여 보기 쉽도록 하였습니다.

수험생 여러분이 이 요약집으로 정리한다면 목표한 점수를 획득하는 데 도움이 될 수 있으리라 생각합니다.
수험생 여러분의 합격을 기원합니다.

2025년 4월
편저자 김용규

자격안내

자격개요

주택관리사보는 공동주택의 운영·관리·유지·보수 등을 실시하고 이에 필요한 경비를 관리하며, 공동주택의 공용부분과 공동소유인 부대시설 및 복리시설의 유지·관리 및 안전관리 업무를 수행하기 위해 주택관리사보 자격시험에 합격한 자를 말한다.

변천과정

1990년 → 주택관리사보 제1회 자격시험 실시

1997년 → 자격증 소지자의 채용을 의무화(시행일 1997. 1. 1.)

2006년 → 2005년까지 격년제로 시행되던 자격시험을 매년 1회 시행으로 변경

2008년 → 주택관리사보 자격시험의 시행에 관한 업무를 한국산업인력공단에 위탁(시행일 2008. 1. 1.)

주택관리사제도

❶ 주택관리사 등의 자격

 주택관리사보가 되려는 자는 국토교통부장관이 시행하는 자격시험에 합격한 후 시·도지사로부터 합격증서를 발급받아야 한다.

 주택관리사는 주택관리사보 합격증서를 발급받고 대통령령으로 정하는 주택관련 실무경력이 있는 자로서 시·도지사로부터 주택관리사 자격증을 발급받은 자로 한다.

❷ 주택관리사 인정경력

시·도지사는 주택관리사보 자격시험에 합격하기 전이나 합격한 후 다음의 어느 하나에 해당하는 경력을 갖춘 자에 대하여 주택관리사 자격증을 발급한다.

- 사업계획승인을 받아 건설한 50세대 이상 500세대 미만의 공동주택의 관리사무소장으로 근무한 경력 3년 이상
- 사업계획승인을 받아 건설한 50세대 이상의 공동주택의 관리사무소의 직원(경비원, 청소원, 소독원 제외) 또는 주택관리업자의 직원으로 주택관리업무에 종사한 경력 5년 이상
- 한국토지주택공사 또는 지방공사의 직원으로 주택관리업무에 종사한 경력 5년 이상
- 공무원으로 주택관련 지도·감독 및 인·허가 업무 등에 종사한 경력 5년 이상
- 주택관리사단체와 국토교통부장관이 정하여 고시하는 공동주택관리와 관련된 단체의 임직원으로 주택관련 업무에 종사한 경력 5년 이상
- 위의 경력들을 합산한 기간 5년 이상

법적 배치근거

공동주택을 관리하는 주택관리업자·입주자대표회의(자치관리의 경우에 한함) 또는 임대사업자
(「민간임대주택에 관한 특별법」에 의한 임대사업자를 말함) 등은 공동주택의 관리사무소장으로
주택관리사 또는 주택관리사보를 다음의 기준에 따라 배치하여야 한다.
- 500세대 미만의 **공동주택**: 주택관리사 또는 주택관리사보
- 500세대 이상의 **공동주택**: 주택관리사

주요업무

공동주택을 안전하고 효율적으로 관리하여 공동주택의 입주자 및 사용자의 권익을 보호하기 위하
여 입주자대표회의에서 의결하는 공동주택의 운영·관리·유지·보수·교체·개량과 리모델링에 관한
업무 및 이와 같은 업무를 집행하기 위한 관리비·장기수선충당금이나 그 밖의 경비의 청구·수령·
지출 업무, 장기수선계획의 조정, 시설물 안전관리계획의 수립 및 건축물의 안전점검에 관한 업무
(단, 비용지출을 수반하는 사항에 대하여는 입주자대표회의의 의결을 거쳐야 함) 등 주택관리서비
스를 수행한다.

진로 및 전망

주택관리사는 주택관리의 시장이 계속 확대되고 주택관리사의 지위가 제도적으로 발전하면서 공
동주택의 효율적인 관리와 입주자의 편안한 주거생활을 위한 전문지식과 기술을 겸비한 전문가집
단으로 자리매김하고 있다.

주택관리사의 업무는 주택관리서비스업으로서, 자격증 취득 후 아파트 단지나 빌딩의 관리소장, 공
사 및 건설업체·전문용역업체, 공동주택의 운영·관리·유지·보수 책임자 등으로 취업이 가능하다.
과거 주택건설 및 공급 위주의 주택정책이 국가경제적인 측면에서 문제가 되었다는 점에서 지금은 공
동주택의 수명연장 및 쾌적한 주거환경 조성을 우선으로 하는 주택관리의 시대가 되었다. 이러한 시대
적 변화에 맞추어 전문자격자로서 주택관리사의 역할이 어느 때보다 중요해지고 있으며, 공동주택의
리모델링의 활성화로 주택관리사들이 전문기법을 연구·발전시켜 국가경제발전에도 크게 기여하게 될
것이다.

자격시험안내

시험기관

소관부처 (국토교통부 주택건설공급과)

실시기관 (한국산업인력공단(http://www.Q-net.or.kr))

응시자격 및 결격사유

❶ 응시자격: 없음

※ 단, 시험시행일 현재 주택관리사 등의 결격사유에 해당하는 자와 부정행위를 한 자로서 당해 시험시행일로부터 5년이 경과되지 아니한 자는 응시 불가능

❷ 주택관리사보 결격사유(공동주택관리법 제67조 제4항)

다음 각 호 어느 하나에 해당하는 사람은 주택관리사 등이 될 수 없으며 그 자격을 상실한다.

1. 피성년후견인 또는 피한정후견인
2. 파산선고를 받은 사람으로서 복권되지 아니한 사람
3. 금고 이상의 실형의 선고를 받고 그 집행이 끝나거나(집행이 끝난 것으로 보는 경우를 포함) 집행이 면제된 날부터 2년이 지나지 아니한 사람
4. 금고 이상의 형의 집행유예를 선고받고 그 집행유예기간 중에 있는 사람
5. 주택관리사 등의 자격이 취소된 후 3년이 지나지 아니한 사람(제1호 및 제2호에 해당하여 주택관리사 등의 자격이 취소된 경우는 제외)

시험방법

❶ 주택관리사보 자격시험은 제1차 시험 및 제2차 시험으로 구분하여 시행
❷ 제1차 시험문제: 객관식 5지 택일형, 과목당 40문항을 출제
❸ 제2차 시험문제: 객관식 5지 택일형 및 주관식 단답형, 과목당 40문항을 출제(객관식 24문항, 주관식 16문항)

시험의 일부면제

❶ 2024년도 제27회 제1차 시험 합격자(2025년도 제1차 시험에 한함, 별도 서류제출 없음)
❷ 2024년도 제1차 시험 합격자가 2025년도 제1차 시험 재응시를 원할 경우, 응시 가능하며 불합격하여도 전년도 제1차 시험 합격에 근거하여 2025년도 제2차 시험에 응시 가능

※ 다만, 2025년도 제1차 시험의 시행일 기준으로 결격사유에 해당하는 사람에 대해서는 면제하지 아니함

❶ 제1차 시험 절대평가, 제2차 시험 상대평가(공동주택관리법 제67조 제5항)

국토교통부장관은 선발예정인원의 범위에서 대통령령으로 정하는 합격자 결정 점수 이상을 얻은 사람으로서 전과목 총득점의 고득점자 순으로 주택관리사보 자격시험 합격자를 결정

❷ 시험합격자의 결정(공동주택관리법 시행령 제75조)

1. 제1차 시험
과목당 100점을 만점으로 하여 모든 과목 40점 이상이고 전 과목 평균 60점 이상의 득점을 한 사람

2. 제2차 시험
① 과목당 100점을 만점으로 하여 모든 과목 40점 이상이고 전 과목 평균 60점 이상의 득점을 한 사람. 다만, 모든 과목 40점 이상이고 전 과목 평균 60점 이상의 득점을 한 사람의 수가 법 제67조 제5항 전단에 따른 선발예정인원에 미달하는 경우에는 모든 과목 40점 이상을 득점한 사람
② 법 제67조 제5항 후단에 따라 제2차 시험 합격자를 결정하는 경우 동점자로 인하여 선발예정인원을 초과하는 경우에는 그 동점자 모두를 합격자로 결정. 이 경우 동점자의 점수는 소수점 둘째자리까지만 계산하며, 반올림은 하지 아니함

(2025. 03. 28. 제28회 시험 시행계획 공고 기준)

시험구분		시험과목	시험범위	시험시간
제1차 (3과목)	1교시	회계원리	세부 과목 구분 없이 출제	100분
		공동주택 시설개론	• 목구조 · 특수구조를 제외한 일반건축구조와 철골구조 • 홈네트워크를 포함한 건축설비개론 • 장기수선계획 수립 등을 위한 건축적산	
	2교시	민 법	• 총칙 • 물권 • 채권 중 총칙 · 계약총칙 · 매매 · 임대차 · 도급 · 위임 · 부당이득 · 불법행위	50분
제2차 (2과목)		주택관리 관계법규	「주택법」·「공동주택관리법」·「민간임대주택에 관한 특별법」·「공공주택 특별법」·「건축법」·「소방기본법」·「화재예방, 소방시설설치·유지 및 안전관리에 관한 법률」·「승강기 안전관리법」·「전기사업법」·「시설물의 안전 및 유지관리에 관한 특별법」·「도시 및 주거환경정비법」·「도시재정비 촉진을 위한 특별법」·「집합건물의 소유 및 관리에 관한 법률」 중 주택관리에 관련되는 규정	100분
		공동주택 관리실무	시설관리, 환경관리, 공동주택회계관리, 입주자관리, 공동주거관리이론, 대외업무, 사무·인사관리, 안전·방재관리 및 리모델링, 공동주택 하자관리(보수공사 포함) 등	

※ 1. 시험과 관련하여 법률 · 회계처리기준 등을 적용하여 답을 구하여야 하는 문제는 시험시행일 현재 시행 중인 법령 등을 적용하여 정답을 구하여야 함
2. 회계처리 등과 관련된 시험문제는 「한국채택국제회계기준(K-IFRS)」을 적용하여 출제
3. 기활용된 문제, 기출문제 등도 변형 · 활용되어 출제될 수 있음

이 책의 차례

PART 1

건축설비

PART **2**

건축구조

건축설비

급수설비

01 \ 물

1. 개 론

(1) 물의 성질

① 물은 1기압 4℃에서 단위 질량에 대한 부피가 최소이며, 밀도가 가장 크다. (밀도 : $1g/cm^3$, $1kg/\ell$, $1,000kg/m^3$)

② 순수한 물은 0℃에서 9% 체적 증가, 100℃가 되면 체적 4.3% 증가

③ 100℃ 물은 100℃ 수증기로 되면 체적이 1,700배 증가

(2) 압 력

1. 절대압력 = 대기압 + 게이지압력 = 대기압 − 진공계 압력
2. 표준대기압 = 1atm = 760mmHg = 1,013mbar
                = 1,013HPa = 101.3KPa = $1.033kg/cm^2$ = 10.33mAq
3. 수압 : $0.1MPa(0.1N/mm^2)$ = $1kg/cm^2$ = 10mAq(수두)
         1mAq = 9.8kPa ≒ 10kPa

(3) 마찰손실수두

① 마찰손실계수에 비례한다.
② 관의 길이에 비례한다.
③ 유속의 제곱에 비례한다.
④ 관경에 반비례한다.
⑤ 중력가속도에 반비례한다.

$$H = f \frac{l}{d} \frac{v^2}{2g}$$

급수배관 내부의 압력손실
1. 유체의 점성이 커질수록 증가한다.
2. 유체의 밀도가 커질수록 증가한다.

3. 직관보다 곡관의 경우가 증가한다.
4. 배관의 관지름이 작아질수록 증가한다.
5. 배관 길이가 길어질수록 증가한다.
6. 배관 내 유속이 빠를수록 증가한다.

(4) **연속의 법칙**

배관에서 Q(유량)이 일정할 때

$$A_1 v_1 = A_2 v_2$$

A : 관의 단면적(m^2), v : 유속(m/s)

$$D = \sqrt{\frac{4Q}{\pi v}} = 1.13\sqrt{\frac{Q}{v}}$$

Q : 유량(m^3/s), v : 유속(m/s)

🔖 **참 고**
베르누이 정리에 의하면, 유속이 빠른 곳이 정압이 작다.
베르누이 정리 : 속도수두, 위치수두, 압력수두의 합은 일정하다.

2. 수 질

(1) **물의 경도**

물속에 녹아 있는 여러 광물질의 농도에 대응하는 탄산칼슘의 농도(백만분율)로 환산하여 표시한 것(ppmm, mg/ℓ)

① **연수(90ppm 이하)** : 세탁, 염색, 보일러용에 적합

🔖 **배관 부식**(청관제 사용)
1. **극연수, 멸균수, 증류수** : 연관
2. **황동관** : 부식

② **적수(90~110ppm)** : 음용수에 적당

③ **경수(110ppm 이상)** : 스케일 발생(보일러 용수로 부적당)

㉠ 비누의 용해가 어렵고 열교환기나 배관계통 등에 사용하면 그 내면에 석회질의 침전에 의한 스케일이 생성된다.
㉡ 세탁·표백·염색에는 부적합하고 그 밖에 양조·염색·제지공업 등에도 적당하지 않다.
㉢ 경도가 높은 물은 기기 내 스케일 생성 및 부식 등의 원인이 된다.

(2) **pH**(피에이치) : 산·알칼리의 기준(pH 5.8~pH 8.5)

02 급수량 산정과 급수압력

(1) 급수량 산정

① 사용인원수에 의한 급수량 산정

② 건물 면적에 의한 산정 방법: 유효면적 기준

③ 위생기구 수에 의한 산정 방법: 동시사용률 고려

참 고

1. 1인당 1일 평균 급수 사용량 순서

호텔(손님) > 주택(거주자) > 기숙사(거주자) > 극장(객석) > 백화점(손님)

2. 공동주택(아파트)의 1일 평균 사용수량은 $160{\sim}250\,\ell/day \cdot$ 인 정도이다.

3. 매시 최대 예상급수량은 일반적으로 매시 평균 예상급수량의 1.5~2.0배 정도로 산정된다.

---

(2) 급수압력

수압이 높으면 기능이 편리하고, 소음이 크며, 수격작용이 발생하기 쉽고, 배관 파손의 발생가능성이 높아진다.

구 분	기준압력(kPa)
주택, 호텔 등 주거용 건물	300~400(0.3~0.4MPa)
오피스텔, 기타 건물	400~500(0.4~0.5MPa)

위생기구	최저 필요 급수압
세면기	55kPa
샤워기	70kPa(55kPa)
대변기, 사이펀, 세정밸브	100kPa
대변기, 블로우 아웃, 세정밸브	170kPa
대변기, 세정탱크, 밀결형	55kPa

🖰 매층 입상관에서 분기되는 횡지관에서의 압력이다.

03 급수 방식

1. 수도직결 방식

(1) 급수압은 수도본관의 압력에 따라 다르다.

(2) 정전시 공급 가능, 단수시 공급 불가능

2. 고가탱크 방식

(1) 일정한 수압을 유지할 수 있다.

(2) 정전시, 단수시 일정 시간동안 공급이 가능

(3) 오염가능성이 가장 크다.

(4) 저수조에서 장기간 정체로 급수가 오염될 가능성이 크다.

(5) 청소 및 보수를 위하여 2개 이상으로 구획하거나 설치하는 것이 바람직하다.

(6) **넘침관**(월류관, Overflow관) : 안전수위 확보 목적, 양수관경의 2배

3. 압력탱크 방식

(1) 국부적으로 고압을 필요로 하는 경우

(2) 급수압의 변동이 크다.

(3) 단수시 저수조 양만큼 공급 가능, 정전시 공급 불가능

(4) 정전시 예비전원이 없다면 급수가 불가능하다.

4. 탱크 없는 부스터 방식

(1) 옥상에 별도의 탱크를 설치할 필요가 없다.

(2) 비교적 일정한 수압

(3) 단수시 저수조 양만큼 공급 가능, 정전시 공급 불가능

> 🔧 **유량조절**
> 1. **정속방식** : 대수제어(펌프의 병렬연결)
> 2. **변속방식** : ① 회전수 제어
>   ② 인버터방식(VVVF) 채용으로 전력비가 절감, 운전비용이 저렴, 수격작용이 없어 안정적인 운전이 가능하다.

04 급수배관 방식

1. 상향 급수 배관법

① 급수 수평주관이 보통 지하실 천장에 노출배관 : 점검 보수에 유리

② 수도직결 방식, 압력탱크 방식, 부스터 방식 등이 이에 해당한다.

③ 상향 수직관의 관경을 크게 한다.

2. 하향 급수 배관법

① 급수 수평주관이 최상층 천장에 은폐 : 수압은 일정, 점검 · 보수는 불편

② 고가탱크 방식이 해당한다.

3. 상 · 하향 급수 배관법

1 · 2층은 상향식, 3층 이상은 하향식 급수를 사용한다.

05 급수의 조닝

1. 필요성

급수압의 균등화, 수격작용 방지, 기구 부속품 등의 파손 방지

2. 급수 조닝의 압력(수직거리)

① 아파트 · 호텔 : 30~40m(300~400kPa)

② 사무소 건물 : 40~50m(400~500kPa)

3. 급수조닝의 방식

① 중간수조에 의한 방식

② 감압밸브에 의한 방식

③ 압력탱크 급수 방식이나 펌프직송 방식

06 급수관경 결정

(1) **균등표에 의한 관경 결정**: 소규모 건물

(2) **마찰저항선도에 의한 관경 결정**: 균등표에 비해 정확, 중대규모 건물

> **마찰저항선도법**(관경결정 순서)
> 급수부하단위, 동시사용유량, 허용마찰손실을 구하기 위한 국부저항과 권장유속이 필요하다.
> 1. 순간최대유량 산정: 기구급수부하단위를 이용하여 급수배관계의 해당 구간별 순간최대급수량을 산정하게 된다. 이때 순간최대급수량은 해당 구간에 접속된 위생기구들의 동시사용률을 고려하고 있기 때문에 동시사용유량이라 한다.
> 2. 허용압력손실의 산정
> 3. 관내유속의 제한
> 4. 급수관 지름의 결정
>> 🔖 **기출지문**
>> 1. 기구급수부하단위는 같은 종류의 기구일 경우 공중용이 개인용보다 크다.
>> 2. 국부저항은 배관이나 덕트에서 직관부 이외의 구부러지는 부분, 분기부 등에서 발생하는 저항이다.
>> 3. 상당길이는 배관 등의 국부저항을 직선 길이로 환산한 길이를 의미한다.

(3) **위생기구별 급수 관경**

➕ **기구급수부하단위**(Water Supply Fixture Unit, WSFU)**와 최소관경**

기구명	접속관지름 (최소 DN)	단독주택	아파트 등 집합주택	상업용 건물	다중이용시설
대변기 (세정밸브, 13L/회)	25	7.0	7.0	7.0	10.0
세면기	10	1.0	0.5	1.0	1.0
샤 워	15	2.0	2.0	2.0	2.0

07 급수설비의 오염

(1) 저수탱크에 유해물질의 침입에 의한 발생

① 상수용 저수조는 전용으로 설치한다.

② 천장, 바닥 및 주변의 벽은 보수점검이 쉽도록 여유 있는 공간을 확보한다(상부공간은 100cm, 기타 60cm 이상).

③ 저수조의 급수 유입구와 유출구의 거리는 가능한 한 길게 하여 정체에 의한 오염이 발생하지 않도록 한다. ⇨ 저수조에서 급수관은 양수관의 반대쪽 바닥에서 약간 띄워 설치한다.

④ 저수탱크 내에는 다른 목적의 배관을 하지 않는다.

⑤ 땅 밑에 저수조를 설치하는 경우에는 분뇨·쓰레기 등의 유해물질로부터 5m 이상 띄워서 설치한다.

⑥ 저수조 등에는 필요 이상 다량의 물이 저장되지 않도록 한다.

(2) 배관의 부식

① 철의 부식은 물속의 용존 산소와 염(鹽)류에 의하여 많이 발생하고 온도와 pH의 영향이 크다.

② 부식은 온도가 올라갈수록, pH가 낮을수록 크다.

③ **이종금속 사이의 부식**: 금속의 이온화 경향차에 의해 부식한다.

④ **전기적 작용에 의한 부식**: 외부 전원으로부터 누설된 전류에 의하여 발생한다.

⑤ **이온 변화에 의한 부식**: 전해질 수용액에 의한 금속의 이온화에 의해 산화부식한다.

⑥ **응력에 의한 부식**: 금속재료에 응력이 가해질 때 빠르게 부식된다.

(3) 배수의 급수설비로의 역류

① 단수시 급수관 내의 일시적 부압이 형성되어 역사이펀(Back Siphon Action)이 일어나 상수계통으로 배수가 역류되는 현상을 말한다.

② **방지책**

㉠ 위생기구의 넘침선(Overflow Line)과 수전류의 토수구 사이에 토수구 공간을 확보한다.

㉡ 세정밸브(세척밸브, 플러시밸브)에 진공방지기(Vacuum Breaker, 역류방지기)를 설치한다.

(4) 크로스 커넥션

① 크로스 커넥션(Cross Connection)은 상수로부터의 급수계통과 그 외의 계통이 접속되어 오염시키는 것
② **오염방지 대책** : 잘못 연결된 연결관을 해체(음료용 급수관과 다른 용도의 배관을 크로스 커넥션(Cross Connection)해서는 안 된다)

08 급수배관 시공시 주의사항

1. 배관의 구배

(1) 각 설비의 구배

① 급수 : 1/250
② 급 탕
  ㉠ 강제순환식 : 1/200
  ㉡ 중력순환식 : 1/150
③ 배수 : 1/50~1/100
④ 저수조 · 산화조 밑면 : 1/100
⑤ 옥상방수
  ㉠ 보호누름(○) : 1/100~1/50
  ㉡ 보호누름(×) : 1/50~1/20

(2) 구배의 종류

① **선상향구배** : 급수 상향식 수평주관 및 급수수평지관(각 층의 수평주관)
② **선하향구배** : 급수 하향식 수평주관

2. 밸브

(1) **공기빼기밸브** : 굴곡배관이 되어 공기가 정체되는 부분에 설치

(2) **배수밸브** : 굴곡배관에서 물이 고여 정체되는 부분에 설치

(3) **스톱밸브** : 배관 계통의 수리, 국부적 단수로 급수계통의 수량 및 수압조정을 위해 설치

> **스톱밸브 설치장소**
> 1. 수평주관에서의 각 수직관의 분기점
> 2. 급수관의 분기점
> 3. 집단기구의 분기점
> 4. 각층 수평주관의 분기점
> 5. 위생기구에 개별로 설치

3. 유니온 플랜지

수리 · 교체를 용이하게 하기 위하여 직관이음에 사용(유니온은 DN50 이하)

> **표준시방서**
> DN65 이상의 관은 플랜지나 그 외 기계적인 접합방법으로, DN50 이하의 배관에는 플랜지나 유니온을 사용한다.

4. 수격작용

유수의 급격한 정지에 의하여 배관 내에 발생하는 충격음과 진동을 말한다.

(1) 원 인

① 플러시 밸브나 수전류를 급격히 열고 닫을 때 일어나기 쉽다.

② 관경이 작을수록 일어나기 쉽다.

③ 수압이 과대하거나, 관내의 유속이 빠를수록 일어나기 쉽다.

④ 배관에 굴곡부가 많을수록 일어나기 쉽다.

⑤ 감압 밸브를 사용할 경우 일어나기 쉽다.

(2) 수격작용 방지설비

① 기구류 가까이에 공기실(Air Chamber)를 설치한다.

② 수격작용 방지기구(Water Hammer Arrester)를 설치한다.

③ 스윙형 체크 밸브 대신에 충격 흡수식 체크 밸브(스모렌스키 체크 밸브)로 교체한다.

5. 수주분리

(1) 수주분리란 관로(管路)에 관성력과 중력이 작용하여 물 흐름이 끊기는 현상을 말한다.

(2) 수주분리가 일어나기 쉬운 배관 부분에 수격작용이 발생할 수 있다.

(3) 급수 펌프와 고가 탱크가 평면적으로 떨어져있을 때 수주분리가 발생하지 않도록 수평주관은 되도록 낮은 곳에 설치한다.

6. 슬리브

(1) 신축 및 수리·교체가 용이하다.

(2) 방진 및 수리·교체가 용이하다.

09 펌 프

1. 펌프의 종류

(1) 왕복 펌프

① 피스톤 펌프
② 플런저 펌프
③ 워싱톤 펌프

(2) 원심력 펌프

① **볼류트 펌프** : 20m 이하의 저양정, 대규모 순환용 펌프
② **터빈 펌프** : 안내날개(Guide Vane), 20m 이상의 고양정 펌프

(3) 깊은 우물용 펌프

① 보어홀 펌프
② 수중모터 펌프
③ 제트 펌프
④ 에어리프트 펌프

⑷ 기 타

① **오배수용 펌프** : 논클로그 펌프(클로그레스 펌프), 블레이드레스 펌프
② **유류 반송용 펌프** : 기어 펌프

⊞ 펌프의 종류

터보형	원심 펌프	볼류트 펌프
		터빈 펌프
	축류 펌프	라인 펌프
	사류 펌프	−
용적형	회전 펌프	기어 펌프
		나사 펌프
		베인 펌프
	왕복 펌프	피스톤 펌프
		플런저 펌프
		다이어프램 펌프
		윙 펌프
특수형	−	와류 펌프
		제트 펌프
		에어리프트 펌프
		특수 펌프

2. 펌프의 소요동력

⑴ 펌프의 양정

① 실양정 = 흡입양정 + 토출양정
② 전양정 = 실양정 + 마찰손실수두

> • 흡입양정 : 흡입수면에서 펌프의 축중심까지의 수두
> • 토출양정 : 펌프의 축중심에서 토출수면까지의 수두

⑵ 펌프의 흡상 높이

해발(기압)이나 수온에 따라 다르다.

🔖 **0℃의 경우** : 이론상 : 10.33m, 실제 : 7.0m
NPSH(유효흡입수두) : 캐비테이션이 일어나지 않는 유효흡입양정을 수두로 표시한 것

(3) 펌프의 축동력

$$\bullet \text{ 펌프의 축동력} = \frac{WQH}{6{,}120E} \ (kW)$$

$$\bullet \text{ 축마력(HP)} = \frac{WQH}{4{,}500E}$$

W(단위중량) : 1,000kg/m³   H(양정) : m
Q(유량) : m³/min   E(효율) : %

3. 캐비테이션(공동현상, Cavitation)

배관 어느 지점에서의 압력이 그 때의 액체의 포화증기압(이하의 압력에서 액체가 기체로 증발하게 됨)보다 낮아지게 되면, 액체는 국부적으로 증발을 일으켜 기포가 발생하게 되는 현상

펌프의 공동현상(Cavitation)을 방지하기 위한 대책

1. 동일한 양수량일 경우 회전수를 낮춰서 운전한다.
2. 수온을 가급적 낮게 유지한다.
3. 펌프의 흡입양정을 작게 한다. ⇨ 펌프의 설치위치를 가능한 낮춘다.
4. 배관내 공기가 체류하지 않도록 한다.
5. 흡입배관의 지름을 크게 하고 부속류를 적게 하여 손실수두를 줄인다.
6. 유효NPSH를 필요NPSH보다 크게 한다.

4. 서징현상

(1) 펌프를 적은 유량 범위의 상태에서 가동시키게 되면 송출유량과 송출압력의 주기적인 변동이 반복되면서 소음과 진동이 심해지는 현상

(2) 펌프의 특성곡선이 산형일 때 상승부(최고 양정의 좌측부분)에서 펌프가 운전될 경우 발생한다.

(3) 관로에 불필요한 잔류공기가 있을 때

(4) 토출 배관이 길고 배관 도중에 물탱크나 기체 상태의 공기탱크가 있을 때

5. 펌프의 운전

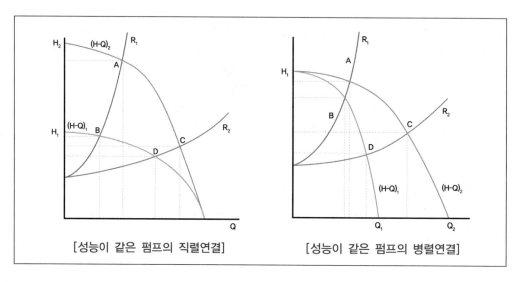

[성능이 같은 펌프의 직렬연결] [성능이 같은 펌프의 병렬연결]

(1) 펌프의 직렬운전

배관의 마찰저항이 없다면 유량은 변하지 않고 양정이 2배로 높아지겠지만 실제의 운전에서는 배관의 마찰손실의 정도에 따라 크게 변화한다. ▷ 유량이 큰 관로저항 곡선의 경우에는 유량과 토출압력 모두 큰 이점을 얻기 힘든 특징이 있다.

(2) 펌프의 병렬운전

배관의 마찰저항이 없다면 유량이 2배로 증가할 것이다. ▷ 유량과 양정이 모두 증가하나 증가폭은 배관계 저항조건에 따라 달라진다.

상사의 법칙

$$Q' = \left(\frac{N'}{N}\right) Q,\ H' = \left(\frac{N'}{N}\right)^2 H,\ P' = \left(\frac{N'}{N}\right)^3 P$$

유량은 회전수에 비례하며, 양정은 회전수의 제곱에 비례하고, 축동력은 회전수의 세 제곱에 비례한다.

베르누이 원리

$$\frac{P_1}{\gamma} + Z_1 + \frac{v_1^2}{2g} = \frac{P_2}{\gamma} + Z_2 + \frac{v_2^2}{2g}$$

배관에 흐르는 유체의 압력수두, 위치수두, 속도수두의 합은 일정하다.

급탕설비

01 급탕 설계

급탕온도 : 표준 급탕온도는 60℃이다.

> 급탕순환수량 = 총손실열량 / [비열 × (급탕온도 − 반탕온도)]

02 급탕 방식의 분류

1. 개별식 급탕법

(1) 급탕의 특징

① 배관 중의 열손실이 적다.

② 급탕 개소의 증설이 비교적 쉽다.

③ 급탕 규모가 크면 비효율적이다.

(2) 급탕의 종류

① **순간식 급탕법** : 팽창탱크(×), 자동연소장치(벤츄리, 다이아프램)

② **저탕식 급탕법** : 팽창탱크(○), 써모스탯(자동온도조절기)

③ **기수 혼합식 급탕법** : 고압증기 사용, 열효율 100%, 스팀 사일런서 사용

2. 중앙식 급탕법

(1) 열효율이 좋다.

(2) 기구의 동시사용률을 고려하여 가열장치의 총용량을 작게 할 수 있다.

(3) 설비비가 많이 든다.

(4) 배관의 열손실이 크고 증설이 곤란하다.

직접가열식	간접가열식
① 온수보일러에서 직접 가열하는 방식 ② 열효율면에서 유리 ③ 보일러 수명 단축(열응력) ④ 수질 영향(스케일 발생) ⑤ 고압보일러 필요 ⑥ 주택이나 소규모 건물에 적합	① 저탕조 내에 가열코일 설치 ② 별도의 급탕용 보일러 불필요 ③ 고압용 보일러가 불필요(설치비⇩) ④ 대규모 급탕설비에 적합

03 급탕 배관법

1. 배관 방식에 의한 분류

(1) **단관식**: 급탕관, 배관길이는 15m 이내이다.

(2) **복관식**: 뜨거운 물이 바로 나온다.

2. 온수의 균등분배

(1) 환수관측에 정유량 밸브 또는 밸런싱 밸브 설치

(2) 균등하게 분배될 수 있는 경우 리버스 리턴 방식(역환수 방식) 가능

04 급탕 배관의 시공법

1. 배관의 구배

(1) 중력순환식(1/150), 강제순환식(1/200)

(2) **상향식 배관**: 급탕공급관(선상향구배), 환탕관(선하향구배)

(3) **하향식 배관**: 급탕공급관(선하향구배), 환탕관(선하향구배)

2. 급탕배관의 마찰손실

(1) 급탕관의 관경

① 최소 20A 이상

② 급수관의 관경보다 한 치수 이상 큰 것 사용

③ 환탕관은 급탕관보다 한 치수 작은 것 사용

(2) 배관이음을 엘보보다 밴드, T이음보다 Y를 사용

(3) 글로브 밸브를 사용하는 것보다 슬루스(게이트) 밸브를 사용

3. 배관의 신축이음

(1) 목 적

급탕배관의 신축으로 배관이나 다른 기기가 손상될 수 있는 경우에는 신축이음이나 신축곡관 등을 사용하여 이를 방지한다.

(2) 설치 간격

① **직선배관**: 강관은 30m마다, 동관은 20m마다 설치

② **수직배관**: 10~20m마다 설치

(3) 종 류

① **스위블이음**: 2개 이상의 엘보를 사용하여 배관의 신축을 엘보에 있는 나사맞춤부의 나사 회전을 이용해서 흡수. 방열기 주변 배관에 사용

② **신축 곡관**: 배관의 도중을 U자형 및 루프형으로 꺾어 놓고 그 부분의 휨에 의해 배관의 신축을 흡수. 고압 옥외 배관, 단점은 공간을 차지

③ **슬리브형 신축이음**: 이중관 중의 안쪽 부분의 패킹부를 미끄러지면서 신축을 흡수하는 구조. 패킹 등의 마모에 따른 누수 우려

④ **벨로즈형 신축이음**: 스테인리스강 등으로 만든 벨로즈의 신축을 이용해서 관의 신축을 흡수하는 것으로 기밀성이 좋고 고온에도 잘 견디기 때문에 널리 이용. 고압 배관에 부적당

⑤ **볼 조인트**: 설치공간⇩, 고압에 잘 견디는 편, 가스켓이 열화되는 경우가 있음

4. 팽창관과 팽창탱크(중력탱크)

(1) 역 할

온수 공급시 배관 내에서 분리된 증기나 온수를 배출함과 동시에 온도 상승에 따라 일어나는 물의 팽창을 흡수하여 도피시키는 안전밸브의 역할을 한다.

(2) 유의사항

① 팽창관(도피관)은 팽창탱크 수면보다 높게 입상한다.

② 팽창관의 관경은 동결을 고려하여 DN25 이상으로 하고, 그 외는 보일러의 전열 면적을 고려한다.

③ 팽창관에는 밸브류를 설치하지 않는다.

④ 팽창관의 배수는 간접배수로 한다.

온수의 팽창량(개방식 팽창탱크의 팽창량)

$$\triangle V = \left(\frac{\rho_c}{\rho_h} - 1 \right) V$$

V : 가열 전 급탕장치 내수량(L)
△V : 팽창량(L)
ρ_c : 가열 전 물의 밀도(kg/L)
ρ_h : 가열 후 물의 밀도(kg/L)

03 배수 및 통기설비

Chapter

01 배수의 종류

1. 발생처에 의한 종류

(1) **일반배수**(잡배수) : 주방의 싱크, 욕조 등에서 배출되는 소위 일반 구정물의 배수

(2) **오수배수** : 주로 인체에서 나오는 배설물로 대변기 · 소변기 · 오물싱크 · 비데 · 변기 소독기 등에서 나오는 배수

(3) **우수배수** : 옥상이나 마당에 떨어지는 빗물 배수

(4) **특수배수** : 수은, 방사능 등과 유독, 유해물을 함유한 배수

2. 사용개소에 의한 분류(건물의 외벽 1.0m를 기준)

(1) **옥내배수** : 외벽 1m 이내

(2) **옥외배수** : 외벽 1m 이후

3. 배수처리방식에 의한 분류

(1) **분류처리** : 잡배수관과 오수배수를 분류처리

(2) **합류처리** : 잡배수 + 오수배수를 합류처리

4. 반송방식에 의한 분류

(1) **중력식배수** : 지상배수에서 이용

(2) **기계식배수** : 압송방식과 진공방식이 있다.

하수도법
1. 합류식하수관로: 오수와 하수도로 유입되는 빗물·지하수가 함께 흐르도록 하기
   위한 하수관로
2. 분류식하수관로: 오수와 하수도로 유입되는 빗물·지하수가 각각 구분되어 흐르
   도록 하기 위한 하수관로

02 배수관

1. 배수관의 유수면의 높이: 배관 관경의 약 1/2~2/3(50~70%)
2. 배수관의 유속: 0.6m/s~1.2m/s
3. 구배를 너무 급하게 하면 수위가 낮아져 고형물이 남게 되고, 구배가 너무 완만하면
   유속이 느려져 오물을 씻어내리는 힘이 약하게 된다.
4. 고온의 배수는 원칙적으로 45℃(설계기준: 60℃) 미만으로 냉각한 후 배수한다.
5. 관내에 생성하는 슬라임(Slime) 제거 및 고형물 반송을 위해 자정 능력을 유지하기
   위해서는 유속을 취한다.

1. 배수관의 구배

(1) 옥내배수관의 구배의 표준은 mm로 호칭하는 관경의 역수보다 원칙적으로 작아서는
안 된다(구시방기준).

(2) **표준구배**: 1/50~1/100

⊞ 배수관의 기울기

관지름(mm)	기울기
65 이하	최소 1/50
80~150	최소 1/100
150 이상	최소 1/200

2. 배수관의 관경

(1) 옥내배수관 관경

① 기구배수부하단위를 이용, 위생기구의 순간최대배수량을 기준으로 관경을 결정한다.

② 표의 기구배수부하단위 값은 오수관이나 배수관의 총 부하를 산출하기 위한 여러
종류의 상대적인 부하단위로, 오수와 배수 및 통기관의 관지름을 선정한다.

⊞ 기구와 기구그룹의 기구배수부하단위(DFU)

위생기구	트랩의 최소 구경 (DN)	단독주택	3가구 이상의 공동주택	일반건물	다중이용 시설
욕조 또는 샤워부착 욕조 (DN40 트랩)	50	2.0	2.0	2.0	—
세면기(DN32 배수)	32	1.0	1.0	1.0	1.0
대변기(6L/회, 세정탱크식)	80	3.0	3.0	4.0	6.0
대변기(6L/회, 세정밸브식)	80	3.0	3.0	4.0	6.0
대변기(13L/회, 세정탱크식)	80	4.0	4.0	6.0	8.0
대변기(13L/회, 세정밸브식)	80	4.0	4.0	6.0	8.0

(2) 배수관의 최소관경

① 배수관의 최소 관경은 30mm(DN32)로 한다.

② 지중 혹은 지하층 바닥에 매설하는 배수관은 50mm 이상으로 한다.

③ 기구배수관의 관경은 이것과 접속하는 기구의 트랩구경 이상으로 하여야 한다.

④ 배수수평지관의 관경은 이것과 접속하는 기구배수관의 최대 관경 이상으로 한다.

⑤ 배수수직관의 관경은 이것과 접속하는 배수수평지관의 최대 관경 이상으로 한다.

⑥ 배수관은 하류방향으로 관경이 축소되어서는 안 된다.

기출지문

1. 옥내배수관의 관경은 기구배수부하단위법 등에 의하여 결정할 수 있다.
2. 기구배수부하단위는 각 기구의 최대 배수용량을 세면기 최대 배수유량으로 나눈
   값에 동시사용률 등을 고려하여 결정한다.
3. 배수수평지관의 관경은 그것에 접속하는 트랩구경과 기구배수관의 관경과 같거나
   커야 한다.
4. 배수수평지관은 배수가 흐르는 방향으로 관경을 축소하지 않는다.
5. 배수수직관의 관경은 가장 큰 배수부하를 담당하는 최하층 관경을 최상층까지 동
   일하게 적용한다.

---

3. 청소구

(1) 배수배관의 관이 막혔을 때 이것을 점검·수리하기 위해 배관 굴곡부나 분기점에 반드시 설치해야 한다.

(2) **청소구(소제구) 설치 위치**
　① 가옥배수관과 대지하수관이 접속되는 곳
　② 배수수직관의 최하단부
　③ 수평지관의 기점부
　④ 가옥배수 수평주관의 기점
　⑤ 배관이 45° 이상 구부러진 곳
　⑥ 수평관의 관경이 100mm 이하인 경우는 직진거리 15m 이내마다, 100mm 넘는 경우 직진거리 30m 이내마다 설치한다.
　⑦ 각종 트랩 및 기타 배관상 특히 필요한 곳

4. 배관의 설계 및 시공

(1) 배수 및 통기수직주관은 파이프 샤프트 내에 배관한다.

(2) 변기는 될 수 있는 대로 수직주관 가까이에 설치한다.

(3) 배수 및 통기기관의 시험에는 수압시험, 기압시험, 기밀시험, 통수시험이 있다.

> 1. 종국유속(Terminal Velocity) : 관 내벽 및 공기와의 마찰저항과 평형되는 유속
> 2. 도수현상(跳水現象) : 배수수직관을 흘러내려 온 배수는 배수수평주관으로 들어온 배수의 흐름은 불안정한 흐름을 보이며 난류운동을 동반하여 수심이 상승하게 되는 현상

03 트 랩

1. 트랩의 목적: 배수관 속의 악취, 유독가스 및 벌레 등의 실내 침투 방지

2. 트랩의 일반사항

(1) 트랩이 기구 일체형이거나 내식성 재질이 아니면 기구 트랩 내부에는 격판이 없어야 한다.

(2) 구조가 간단하고, 배수시 자기세정이 가능한 구조의 것으로 한다.

(3) 뚜껑이 있는 트랩은 뚜껑을 열었을 때 배수관의 하류측으로부터 하수가스가 실내에 침입하지 않는 구조로 한다.

3. 트랩의 종류

(1) **사이펀식 트랩**: 자기세정작용이 있는 트랩

　① S트랩: 봉수감소 용이, 자기사이펀작용

　② P트랩: S트랩의 단점을 개선(세면기)

　③ U트랩: 메인 트랩, 가옥 트랩

(2) **비사이펀식 트랩**: 자기세정작용이 없는 트랩

　① 드럼 트랩: 주방 싱크

　② 벨 트랩(플로어 트랩): 욕실 바닥

(3) **저집기형 트랩**: 배수 중에 혼입한 여러가지 유해물질이나 기타불순물 등을 분리수집

　① 그리스 트랩: 호텔 주방

　② 가솔린 트랩: 주차장, 차고

　③ 플라스터 트랩: 치과 기공실, 정형외과 기브스실

4. 봉 수

(1) **봉수의 깊이** : 50~100mm, 100mm보다 크면 배수저항이 증가한다.

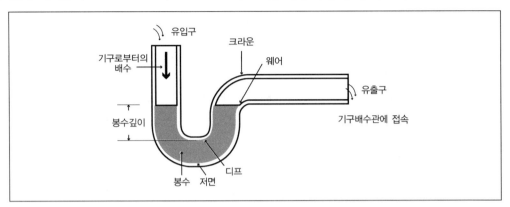

(2) **봉수 파괴 원인**

① **자기사이펀작용** : S트랩에서 발생

② **유도사이펀작용**(흡출작용, 감압에 의한 흡인작용) : 고층빌딩의 상층부

③ **토출작용**(역압에 의한 분출작용, 역사이펀작용) : 고층빌딩의 하층부

④ 모세관현상

⑤ 증발

⑥ 운동량에 의한 관성 작용

건축설계기준

1. 금지트랩

  (1) 다음 형식의 트랩은 금지한다.

    ① 봉수 유지를 위해 가동 부분이 있는 트랩

    ② 벨트랩

    ③ 정부 통기트랩

    ④ 내식성 재질이 아니고 기구 일체형이 아닌 내부 격판으로 봉수를 하는 트랩

  (2) 예외 : 고체 포집기용 드럼트랩과 화학배수용 드럼트랩은 금지하지 않아야 한다.

2. 트랩 봉수

트랩의 봉수 깊이는 50mm 이상에서 100mm 이하로 하며 점검이 쉬운 기구의 특수 형식은 더 깊게 할 수 있다. 증발로 봉수가 파괴될 수 있는 경우에는 봉수 유지용 트랩 보급수 장치를 설치한다. 트랩 보급수 장치는 봉수 수위보다 높은 곳에서 트랩에 연결시켜야 한다.

---

04 통기관

1. 설치 목적

① 봉수 보호
② 관내 기압 유지
③ 흐름 원활
④ 청결 유지

2. 통기관의 종류

(1) 각개통기관

각 위생기구의 트랩마다 설치하며 봉수 보호에 가장 이상적이다.

(2) 루프통기관(환상통기관, 회로통기관)

2개 이상 8개 이내의 트랩을 보호하며, 배수수평지관의 최상류 기구의 하류측에서 입상 통기수직관에 접속한다.

(3) 도피통기관

회로통기관의 통기 촉진하며, 배수수평지관 최하류측에서 입상하여 통기수직관에 연결한다.

> 상부수평지관의 오수나 배수를 받는 배수수직관에 4개 이상의 대변기 배수를 받아 연결하여 회로통기를 하는 배수수평지관에는 도피통기관을 설치한다.

(4) 습식통기관

최상류 기구 바로 아래에서 연결된 배관으로 통기와 배수의 2가지 목적으로 사용하는 배수관 겸 통기관이다.

(5) 결합통기관

① 배수수직관의 기압의 변화를 방지하기 위하여 통기수직관과 배수수직관과 결합한 통기관이다.
② 브랜치 간격의 수가 11이상인 건물의 오수와 배수수직관에는 최상부층에서 시작하여 매 10개의 브랜치 간격마다 도피통기관(결합통기관)을 설치한다.

(6) 신정통기관

배수수직관의 상단을 축소치 않고 그대로 대기 중에 개방한다.

(7) 통기헤더

통기수직관과 신정통기관을 대기 중에 개구하기 전 두 개의 관을 하나의 관으로 통합한 관 부분이다.

(8) 특수 통기 방식

별도의 통기관을 사용하지 않고 신정통기관만으로 배수와 통기를 겸하는 방식이다.
① **소벤트 방식**: 공기혼합 이음쇠와 공기분리 이음쇠로 구성
② **섹스티아 방식**: 이음을 통해 배수수직관에 선회력을 주어 기압을 유지한다(섹스티아 이음쇠와 섹스티아 밴드로 구성).

3. 통기관의 관경기준

(1) 신정통기관과 통기수직관의 크기

① 어떠한 경우에도 관지름이 담당 배수관 관지름의 1/2보다 크고 DN32 이상이어야 한다.
② 신정통기관의 관경은 배수수직관의 관경 이상으로 한다.

(2) 신정통기관이나 통기수직관 이외의 통기관

① 각개통기관과 통기지관, 회로통기관 그리고 도피통기관의 관지름은 담당 배수관 관지름의 1/2 이상으로 한다.
② 통기관은 DN32 이상으로 한다. 배관길이가 12m 이상인 통기관은 통기관의 전 배관길이에 대해 한 단계 큰 관지름으로 한다.
③ 결합통기관의 관지름은 연결하는 통기수직관의 관지름과 같아야 한다.

4. 통기관 배관상의 주의사항

(1) 통기관의 개구부

① 사람이 사용하는 옥상을 관통하는 경우 통기관의 말단을 사람의 키보다도 2m 이상 세우거나, 옥상을 사용하지 않는 경우 0.15m 이상 세운다.
② 한냉지 및 적설지에서 통기관 말단의 개구부는 동결이나 적설에 의해 막히지 않도록 지름 75mm 이상(DN80), 높이는 지붕면으로부터 300mm 이상 떨어진 위치에서 개구부를 둔다.

(2) 통기관의 배관시 주의사항

① 간접 배수통기관은 단독으로 대기 중에 개구한다.

② 오수정화조의 개구부는 단독으로 대기 중에 개구한다.

③ 오수 피트나 잡배수 피트는 별도의 통기관을 설치하여야 한다.

④ 가솔린 트랩의 통기관은 단독으로 대기 중에 개구하여야 한다.

⑤ 통기관은 실내 환기용 덕트와 연결해서는 안 된다.

⑥ 통기수직관을 빗물수직관과 연결해서는 안 된다.

⑦ 2중 트랩이 되지 않도록 한다.

⑧ 바닥 아래의 통기 배관은 금지한다.

⑨ 통기관은 기구의 오버플로면 이상(150mm 이상)으로 입상시킨 후 통기관에 연결한다.

⑩ 각개통기관이 배수관에 접속되는 지점은 기구의 최고 수면과 배수수평지관이 배수수직관에 접속되는 점을 연결한 동수구배선보다 위에 있도록 한다.

⑪ 트랩 위어에서 관지름의 2배 이내의 거리에는 통기관을 설치하지 않아야 한다.

⑫ 배수수평관과 통기관의 연결은 배수관 단면의 수직중심선 상부에서 45°이내의 각도에서 접속한다.

KCS 31 30 25 : 2021 배수통기 설비공사

배관의 원칙

3.10 배관

3.10.1 일반 배수관

⑴ 공동주택 등 주거용 건물은 배수에 의한 유수 소음 차단을 위해 배수용 배관을 당해층에 설치하지 않고 층하배관 구조로 설치하는 경우 저소음제품을 사용한다.

⑵ 배수지관 등이 합류하는 경우는 반드시 45도 이내의 예각으로 하고 수평 기울기로 합류시킨다.

⑶ 배수관에는 2중 트랩을 사용하지 않는다.

⑷ 배수수평주관 또는 수평지관에는 T형 이음쇠, ST형 이음쇠, 크로스 이음쇠를 사용하지 않는다.

⑸ 배수계통 배관의 중간에는 유니온 또는 관 플랜지를 사용하지 않는다.

⑹ 우수수직관에는 배수관을 연결하지 않는다.

⑺ 옥내배수관의 방향 변환은 적정한 이형관을 사용하여 시공한다.

⑻ 동결의 염려가 있는 장소나 지역에서는 적절한 보호를 하며 건물의 외측에 노출시키거나 외벽의 중간에 은폐시켜 배관하지 않는다.

⑼ 배수관에는 구멍을 뚫어 나사를 내거나 용접하지 않는다.

⑽ 부지배수관 및 배수수평관은 관지름이 200mm 이상에서 그 유속이 매초당 0.6m를 밑돌지 않는 범위 내에서 위 표에 규정된 완만한 기울기로 배관할 수 있다.

04
Chapter

위생기구 및 배관용 재료

01 위생설비

1. 위생기구 일반

(1) 위생기구 구비 조건

① 흡수성이 적을 것

② 청소가 용이하고 항상 청결하게 유지할 수 있을 것

③ 내식성·내마모성이 좋을 것

④ 제작이 용이하고 설치가 간단할 것

⑤ 외관이 깨끗하고 위생적일 것

(2) 도기의 장·단점

장 점	단 점
① 경질이고 산·알칼리에도 침식되지 않으며 내구성이 풍부하다.	① 탄력성이 없고 충격에 약하므로 파손되기 쉽다.
② 겉면이 백색이고 평활하여 조금만 더러워져도 눈에 잘 띄고 청소하기 쉬우므로 위생적이다.	② 파손되면 보수할 수 없다.
③ 흡수성이 없고 오수나 악취 등이 흡수되지 않으며 변질도 안 된다.	③ 팽창계수가 아주 작으므로 금속기구(급·배수관)나 콘크리트와의 접속에는 특수 공법이 요구된다.
④ 제작기술의 향상에 따라 매우 복잡한 형태의 기구도 제작할 수 있다.	④ 형상을 만들어 고온도로 구어내야 하므로 10~15%의 수축이 있고 수축률이 일정하지 않아 정밀한 치수를 기대할 수 없다.

2. 대변기

(1) 대변기의 종류

① **세출식**: 오물을 대변기의 얕은 수면에 받아 대변기 가장자리의 여러 곳에서 분출되는 세정수로 오물을 씻어내리는 방식

② **세락식**: 오물을 직접 유수부에 낙하시켜 물의 낙차에 의하여 오물을 배출하는 방식

③ **사이펀식**: 세정수가 배수로 내를 만수시켜 사이펀 작용을 일으켜 흡인 배출하는 방식

④ **사이펀 제트식**: 봉수깊이 최대, 트랩 내 제트구를 설치하며 소음이 작고 배출이 우수한 변기

⑤ **사이펀 볼텍스식**: 세정능력·소음면에서 우수

⑥ **블로아웃식**: 분수구로부터 높은 압력으로 물을 뿜어내어 그 작용으로 유수를 배수관으로 유인하는 방식

(2) 대변기의 세정 급수 방식

① **플러시(세정) 밸브식**: 최저필요급수압(100kPa), 급수관경(DN25), 진공(역류)방지기, 연속사용이 가능. 소음이 커서 아파트나 호텔에는 적당하지 않고 학교, 사무실 등에 적합

② **하이 탱크식**: 사용면적이 작다. 소음이 크다(세정관: DN32).

③ **로우 탱크식**: 사용면적이 크다. 소음이 작다(세정관: DN50, 급수관경: DN10, DN15)

02 배관설비

1. 관의 종류

(1) **주철관**: 내식성, 내구성, 내압성이 뛰어나지만 인장력에 약하다.

(2) **강 관**

① 인장강도가 크고 충격에 강하다. 부식에 약하여 아연도금강관을 사용

② 흑관, 백관(아연도금강관), 라이닝강관 등이 있으며 물, 기름, 가스, 공기 등을 사용하는 배관에 주로 사용

➕ **강관의 두께**: 스케줄 넘버로 표시

$$\text{Schedule No} = 1{,}000\frac{P}{S}$$

- 최대사용압력(MPa)
- 허용인장응력(N/mm^2)

> 관이음
> 1. 배관을 휠 때 : 엘보, 밴드
> 2. 분기관을 낼 때 : 크로스형, 티형, 와이(Y)형
> 3. 직관이음 : 소켓이음, 유니온, 플랜지, 커플링, 니플
> 4. 구경이 다른 관 접합 : 레듀서, 편심레듀서, 부싱, 이경티, 이경 엘보 등
> 5. 배관 말단부 : 플러그, 캡

(3) **스테인리스 강관** : 철에 크롬 등을 함유하여 만들어지기 때문에 강관에 비해 기계적 강도가 우수하며 두께를 얇게 할 수 있고 내식성이 뛰어나다.

(4) **연관** : 내식성 우수, 굴곡이 용이, 가공이 쉬움. 알칼리에 약하므로 콘크리트 속에 매설시 방식피복을 해야 한다.

(5) **동관** : 내식성 우수, 급탕관, 난방관, 급수관 등에 사용, 두께 K > L > M

(6) **경질염화비닐관**

① 내산, 내알칼리성, 충격과 열에 약하다. 급탕관이나 증기관에는 부적당

② 두께에 따라 VG1(두꺼운 관), VG2(얇은 관)로 나뉘며, 배수에는 VG2를 보편적으로 사용하고, VG1은 저압 수도 배관에 사용

(7) **가교화폴리에틸렌관**(X–L) : 내열성, 내약품성, 내구성, 유연성, 내화성이 우수, 온수 온돌 파이프로 이용

(8) **폴리부틸렌관** : 일반건물 내에서 급수배관의 재질로는 동관과 스테인리스 강관이 널리 사용되고 있으나, 근래에는 저렴하고 위생적인 폴리부틸렌(PB)관이 보편적으로 사용되고 있다.

2. 밸브의 종류

(1) **게이트 밸브**(슬루스 밸브) : 마찰손실이 작고, 주로 관의 개폐에 사용

(2) **글로브 밸브**(구형 밸브) : 마찰손실이 크고, 유량조절과 배관의 개폐에 주로 이용

(3) **버터플라이 밸브**

① 축회전에 따라 디스크가 개폐되는 구조

② 마찰손실이 작고, 유량조절 용이

(4) **콕**: 90도 회전하여 개폐

(5) **볼 밸브**

　① 통로가 연결된 파이프와 같은 모양과 단면으로 되어있는 중간에 둥근 볼(Ball)의
　　회전에 의하여 유체의 흐름을 조절하는 밸브이다.

　② 밸브 몸체가 크기 때문에 넓은 공간이 필요하며 90° 회전에 의해 완전 개폐작용
　　이 되는 구조이다.

(6) **체크 밸브**(역지 밸브): 유체의 흐름을 한 방향으로만 유지

　① **스윙형**: 수직·수평배관 사용 가능

　② **리프트형**: 수평배관용에 사용

　③ **스모렌스키형**: 리프트형 체크 밸브에 스프링과 안내깃을 내장한 자폐식으로 펌
　　프의 토출측 및 수직배관에 사용. 수격작용(Water Hammer)방지 효과가 있다.

(7) **스트레이너**: 이물질이 배관을 막거나 손상시키는 것을 방지

3. 배관 식별 색상

구 분	색 상	구 분	색 상
물	청색	산·알칼리	회색
증 기	진한 적색	기 름	진한 황적색
공 기	백색	전 기	엷은 황적색
가 스	황색	―	―

05 오수정화설비

Chapter

01 관련 용어

1. 생화학적 산소요구량(BOD) : 생분해성 유기물질에 의한 하천의 오염을 나타내는 지표로써 미생물에 의해 소비되어 감소하는 산소의 농도를 나타낸다.

2. 화학적 산소요구량(COD) : 유기물질과 중금속에 의한 수질오염을 나타내는 지표로써 산화제를 이용하여 측정 **예** 공장 폐수의 오염

3. 용존산소량(DO) : 수질오염에 대한 하천의 자정능력을 나타내는 지표로써 DO의 값이 클수록 오수 정화능력이 우수하다.

4. SS(부유물질) : 하천의 탁도를 증가시킴

5. BOD 제거율 : 정화조의 정화능력을 나타내는 지표로써 BOD제거율이 높을수록, BOD값이 작을수록 정화조의 성능은 우수하다.

$$\frac{(유입수의\ BOD - 유출수의\ BOD)}{(유입수의\ BOD)} \times 100$$

02 오수의 정화처리법

1. 물리적 처리 : 여과, 침전, 파쇄, 교반 등

2. 화학적 처리 : 중화(pH 5.8~pH 8.5), 소독

3. 생화학적 처리 : 유기물질을 미생물에 의해 물과 이산화탄소, 그 밖의 가스로 분해하는 과정
  ① **호기성 미생물** : 산소공급 필요, 산화조, 폭기조에서 활동
  ② **혐기성 미생물** : 산소공급 필요(×), 부패조

03 개인하수처리시설

1. 정화조

오물의 유입 ⇨ 부패조 (혐기성균) ⇨ 여과조 ⇨ 산화조 (호기성균) ⇨ 소독조 ⇨ 방류

2. 오수처리시설(개인하수처리시설)

(1) 활성오니법

① **장기폭기방식 처리순서** : 스크린 ⇨ 폭기조 ⇨ 침전(분리)조 ⇨ 소독조 ⇨ 방류

② 폭기장치는 산기식 폭기장치와 기계식 폭기장치가 있다.

(2) **생물막법** : 살수여상, 회전원판접촉방식, 접촉폭기방식(접촉산화방식) 등이 있다.

> **하수도법 제2조【정 의】** 1. "하수"라 함은 사람의 생활이나 경제활동으로 인하여 액체성 또는 고체성의 물질이 섞이어 오염된 물(이하 "오수"라 한다)과 건물·도로 그 밖의 시설물의 부지로부터 하수도로 유입되는 빗물·지하수를 말한다. 다만, 농작물의 경작으로 인한 것은 제외한다.
> 3. "하수도"란 하수와 분뇨를 유출 또는 처리하기 위하여 설치되는 하수관로·공공하수처리시설·간이공공하수처리시설·하수저류시설·분뇨처리시설·배수설비·개인하수처리시설 그 밖의 공작물·시설의 총체를 말한다.
> 5. "개인하수도"라 함은 건물·시설 등의 설치자 또는 소유자가 해당 건물·시설 등에서 발생하는 하수를 유출 또는 처리하기 위하여 설치하는 배수설비·개인하수처리시설과 그 부대시설을 말한다.
> 6. "하수관로"란 하수를 공공하수처리시설·간이공공하수처리시설·하수저류시설로 이송하거나 하천·바다 그 밖의 공유수면으로 유출시키기 위하여 지방자치단체가 설치 또는 관리하는 관로와 그 부속시설을 말한다.
> 7. "합류식하수관로"란 오수와 하수도로 유입되는 빗물·지하수가 함께 흐르도록 하기 위한 하수관로를 말한다.
> 8. "분류식하수관로"란 오수와 하수도로 유입되는 빗물·지하수가 각각 구분되어 흐르도록 하기 위한 하수관로를 말한다.
> 12. "배수설비"라 함은 건물·시설 등에서 발생하는 하수를 공공하수도에 유입시키기 위하여 설치하는 배수관과 그 밖의 배수시설을 말한다.
> 13. "개인하수처리시설"이라 함은 건물·시설 등에서 발생하는 오수를 침전·분해 등의 방법으로 처리하는 시설을 말한다.

06 소방설비

Chapter

01 개 요

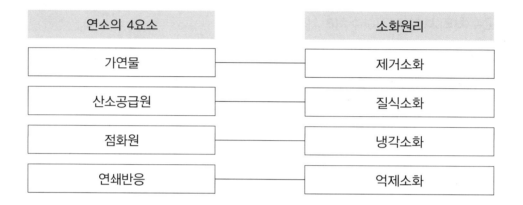

연소의 4요소	소화원리
가연물	제거소화
산소공급원	질식소화
점화원	냉각소화
연쇄반응	억제소화

02 소방설비의 구분

소화설비	경보설비	피난구조설비	소화용수설비	소화활동설비
• 소화기구 • 옥내소화전설비 • 옥외소화전설비 • 스프링클러설비 및 간이스프링클러설비 • 물분무소화설비 • 포소화설비 • 이산화탄소소화설비 • 할로겐화합물 소화설비 • 분말소화설비	• 비상경보설비 (비상벨설비 · 자동식사이렌설비 및 단독경보형감지기) • 비상방송설비 • 통합감시설비 • 누전경보기 • 자동화재탐지설비 • 자동화재속보설비 • 가스누설경보기	• 미끄럼대, 피난사다리, 구조대, 완강기, 피난교, 피난밧줄, 공기안전매트 그 밖의 피난기구 • 방열복, 공기호흡기, 인공소생기 등 인명구조기구 • 유도등 및 유도표지 • 비상조명등 및 휴대용 비상조명등	• 상수도소화용수설비 • 수화수조, 저수조 그 밖의 소화용수설비	• 제연설비 • 연결송수관설비 • 연결살수설비 • 비상콘센트설비 • 무선통신보조설비 • 연소방지설비

03 화재의 분류와 소화설비

⊞ NFPA 화재분류(NFPA 10)

A급화재	나무, 헝겊, 종이, 플라스틱 등과 같은 일반적인 가연 물질에서 발생하는 화재. 화재별 표시는 'A'로 표시
B급화재	인화성액체, 가연성액체, 유지(油脂), 타르, 유성도료, 솔벤트, 래커, 알코올, 가연성가스 등에서 발생하는 화재. 'B'로 표시
C급화재	통전중인 전기기기와 관련된 화재. 'C'로 표시
D급화재	마그네슘, 티타늄, 지르코늄, 나트륨, 리튬, 칼륨 등과 같은 가연성 금속에서 발생하는 화재. 'D'로 표시
K급화재	가연성 조리재료(식물성, 동물성 기름이나 지방)를 포함한 조리기구. 'K'로 표시

1. 소화기구

(1) **소화기**: 소화약제를 압력에 따라 방사하는 기구로서 사람이 수동으로 조작하여 소화하는 것(소화약제에 의한 간이소화용구를 제외한다)으로 소형소화기와 대형소화기가 있다.

① **소형소화기**: 능력단위가 1단위 이상이고 대형소화기의 능력단위 미만인 소화기

② **대형소화기**: 능력단위가 A급 10단위 이상, B급 20단위 이상인 소화기

(2) **배치기준**

① 각층마다 배치

② **수동식 소화기까지의 보행거리**(소방대상물의 각 부분으로부터)

　㉠ 소형 수동식 소화기: 20m 이내 배치

　㉡ 대형 수동식 소화기: 30m 이내 배치

③ 소방대상물의 각 층이 2 이상의 거실로 구획된 경우에는 층마다 설치하되, 바닥면적이 $33m^2$ 이상으로 구획된 각 거실(아파트의 경우에는 각 세대를 말한다)에도 배치

④ 높이 1.5m 이하의 곳에 배치

2. 간이소화용구: 에어로졸식소화용구, 투척용소화용구 및 소화약제 외의 것을 이용한 간이소화용구를 말한다.

3. 일반 소화설비

구 분	옥내소화전	옥외소화전	연결송수관설비	스프링클러설비
소화범위(m)	25	40	50	2.6(Apt경우)
방수압력(MPa)	0.17	0.25	0.35	0.1
방수량(ℓ/min)	130	350	−	80
저수량(m^3)	2.6 × N(1~2)	7 × N(1~2)	소화활동설비	1.6 × N (Apt 기준개수 10)

(1) 옥내소화전

① **소화전 높이**: 개폐 밸브는 바닥에서 1.5m 이하

② **노즐의 구경**: 13mm

③ **호스의 구경**: 40mm(호스릴옥내소화전설비의 경우에는 25mm)

④ **호스의 길이**: 15m × 2본 또는 30m

⑤ **배관구경**

종 류	가지배관	주배관
일 반	40mm 이상	50mm 이상
연결송수관 겸용	65mm 이상	100mm 이상

옥내소화전설비의 위치를 표시하는 적색표시등의 설치기준
불빛은 부착면으로부터 15° 이상의 범위 안에서 부착지점으로부터 10m 이내의 어느 곳에서도 쉽게 식별할 수 있어야 한다.

1. 가압송수장치 관련 용어
   ① 고가수조: 구조물 또는 지형지물 등에 설치하여 자연낙차의 압력으로 급수하는 수조
   ② 압력수조: 소화용수와 공기를 채우고 일정 압력 이상으로 가압하여 그 압력으로 급수하는 수조
   ③ 가압수조: 가압원인 압축공기 또는 불연성 기체의 압력으로 소화용수를 가압하여 그 압력으로 급수하는 수조
   ④ 압력계: 배관내의 압력을 측정하며, 펌프의 토출측 주배관과 압력챔버에 설치된다.
   ⑤ 진공계: 배관내의 부(−)의 압력을 측정하며, 펌프의 흡입측 배관에 설치하여 펌프의 진공상태를 확인한다.
   ⑥ 연성계: 배관 내의 부(−)의 압력과 정(+)의 압력을 측정하며, 펌프의 토출측 또는 흡입측 배관에 설치하여 사용한다.

⑦ **충압펌프** : 옥내소화전이나 스프링클러설비 등에서 배관 내의 압력이 누설되었을 경우에 누설된 압력을 보충하는 기능을 한다.

⑧ **체절운전** : 펌프의 토출측 배관이 모두 막힌 상태에서 펌프가 계속 기동(작동)하여, 최고점의 압력에서 펌프가 공회전하는 운전

　　↬ 펌프의 성능은 체절운전시 정격토출압력의 140%를 초과하지 아니하고, 정격토출량의 150%로 운전시 정격토출압력의 65% 이상이 되어야 한다.

⑨ **기동용 수압개폐장치**

　　㉠ **기능** : 펌프를 이용하는 가압송수장치의 토출측 배관에 연결되어 배관 내의 압력변동을 검지하여 펌프를 자동적으로 기동 또는 정지시키기 위해 설치하는 주요 구성품이다.

　　㉡ **종 류**

　　　　ⓐ 압력챔버

　　　　ⓑ 전자식 기동용 압력스위치

　　　　ⓒ 부르돈관 기동용 압력스위치

2. 화재안전기준 주요사항

① 특정소방대상물의 어느 층에 있어서도 해당 층의 옥내소화전(2개 이상 설치된 경우에는 2개의 옥내소화전)을 동시에 사용할 경우 각 소화전의 노즐선단에서의 방수압력이 0.17 MPa(호스릴옥내소화전설비를 포함한다) 이상이고, 방수량이 130 ℓ/min(호스릴옥내소화전설비를 포함한다) 이상이 되는 성능의 것으로 할 것. 다만, 하나의 옥내소화전을 사용하는 노즐선단에서의 방수압력이 0.7 MPa을 초과할 경우에는 호스접결구의 인입측에 감압장치를 설치하여야 한다.

② 펌프의 토출량은 옥내소화전이 가장 많이 설치된 층의 설치개수(옥내소화전이 2개 이상 설치된 경우에는 2개)에 130 ℓ/min를 곱한 양 이상이 되도록 할 것

③ 펌프의 토출측에는 압력계를 체크 밸브 이전에 펌프토출측 플랜지에서 가까운 곳에 설치하고, 흡입측에는 연성계 또는 진공계를 설치할 것. 다만, 수원의 수위가 펌프의 위치보다 높거나 수직회전축 펌프의 경우에는 연성계 또는 진공계를 설치하지 아니할 수 있다.

④ 가압송수장치에는 정격부하운전시 펌프의 성능을 시험하기 위한 배관을 설치할 것. 다만, 충압펌프의 경우에는 그러하지 아니하다.

⑤ 가압송수장치에는 체절운전시 수온의 상승을 방지하기 위한 순환배관을 설치할 것. 다만, 충압펌프의 경우에는 그러하지 아니하다.

⑥ 기동장치로는 기동용수압개폐장치 또는 이와 동등 이상의 성능이 있는 것을 설치할 것. 다만, 학교·공장·창고시설(제4조 제2항에 따라 옥상수조를 설치한 대상은 제외한다)로서 동결의 우려가 있는 장소에 있어서는 기동스위치에 보호판을 부착하여 옥내소화전함 내에 설치할 수 있다.

(2) 스프링클러설비 ⇨ 소화작용과 경보능력이 있다.

① 기 준

  ㉠ 헤드의 수압 : 0.1MPa

  ㉡ 방수량 : $80\,\ell/min$

② 종 류

스프링클러 방식		1차측	유수검지 장치	2차측	감지기 유무	수동기동 장치	적용장소
폐쇄형	습 식	가압수	알람밸브	가압수	없음	없음	일반거실 (동결우려)
	건 식	가압수	건식밸브	가압공기	없음	없음	주차장 (동결우려있는 장소)
	준비 작동식	가압수	프리액션밸브, 일제개방밸브	대기압	있음	있음	주차장 (동결우려있는 장소)
개방형	일제 살수식	가압수	일제개방밸브	개방상태	있음	있음	무대부, 공장

스프링클러설비

1. 기동장치로는 기동용수압개폐장치 또는 이와 동등 이상의 성능이 있는 것으로 설치할 것. 다만, 기동용수압개폐장치 중 압력챔버를 사용할 경우 그 용적은 $100\,\ell$ 이상의 것으로 할 것

2. 가압송수장치
   (1) 가압송수장치의 정격토출압력은 하나의 헤드선단에 0.1MPa 이상, 1.2MPa 이하의 방수압력이 될 수 있게 하는 크기일 것
   (2) 가압송수장치의 송수량은 0.1MPa의 방수압력 기준으로 $80\,\ell/min$ 이상의 방수성능을 가진 기준개수의 모든 헤드로부터의 방수량을 충족시킬 수 있는 양 이상의 것으로 할 것. 이 경우 속도수두는 계산에 포함하지 아니할 수 있다.
   (3) 제10호의 기준에 불구하고 가압송수장치의 1분당 송수량은 폐쇄형스프링 클러헤드를 사용하는 설비의 경우 제4조 제1항 제1호에 따른 기준개수에 $80\,\ell$를 곱한 양 이상으로도 할 수 있다.
   (4) 제10호의 기준에 불구하고 가압송수장치의 1분당 송수량은 제4조 제1항 제2호의 개방형스프링클러 헤드 수가 30개 이하의 경우에는 그 개수에 $80\,\ell$를 곱한 양 이상으로 할 수 있으나 30개를 초과하는 경우에는 제9호 및 제10호에 따른 기준에 적합하게 할 것
   (5) 스프링클러헤드에 공급되는 물은 유수검지장치를 지나도록 할 것. 다만, 송수구를 통하여 공급되는 물은 그러하지 아니하다.

3. 배관의 구분

스프링클러설비의 배관은 입상관, 수평주행배관(Feed Main), 교차배관(Cross Main), 가지배관(Branch Line) 등으로 구성되어 있다.

4. 저수량 기준개수

(1) 10개(아파트의 경우) : 1.6m³를 곱한 양이 될 것

(2) 스프링클러설비의 수원은 산출된 유효수량 외에 유효수량의 1/3 이상을 옥상에 설치하여야 한다.

5. 폐쇄형 스프링클러헤드는 그 설치장소의 평상시 최고 주위온도에 따라 다음 표에 따른 표시온도의 것으로 설치하여야 한다.

설치장소의 최고 주위온도	표시온도
39℃ 미만	79℃ 미만
39℃ 이상 64℃ 미만	79℃ 이상 121℃ 미만
64℃ 이상 106℃ 미만	121℃ 이상 162℃ 미만
106℃ 이상	162℃ 이상

6. 습식스프링클러설비 및 부압식 스프링클러설비 외의 설비에는 상향식 스프링클러헤드를 설치할 것. 다만, 다음의 어느 하나에 해당하는 경우에는 그렇지 않다.

(1) 드라이펜던트 스프링클러헤드를 사용하는 경우

(2) 스프링클러헤드의 설치장소가 동파의 우려가 없는 곳인 경우

(3) 개방형 스프링클러헤드를 사용하는 경우

7. 조기반응형 스프링클러헤드란 표준형 스프링클러헤드보다 기류온도 및 기류속도에 빠르게 반응하는 헤드를 말한다.

8. 조기반응형 스프링클러헤드를 설치하는 경우에는 습식유수검지장치 또는 부압식스프링클러설비를 설치할 것

9. 다음 각 호의 어느 하나에 해당하는 장소에는 조기반응형 스프링클러헤드를 설치해야 한다.

(1) 공동주택 · 노유자시설의 거실

(2) 오피스텔 · 숙박시설의 침실

(3) 병원 · 의원의 입원실

10. 습식스프링클러설비 및 부압식스프링클러설비 외의 설비에는 상향식스프링클러헤드를 설치할 것

11. 하향식헤드를 설치하는 경우에 가지배관으로부터 헤드에 이르는 헤드접속배관은 가지배관 상부에서 분기할 것. 다만, 소화설비용 수원의 수질이 「먹는물관리법」 제5조에 따라 먹는물의 수질기준에 적합하고 덮개가 있는 저수조로부터 물을 공급받는 경우에는 가지배관의 측면 또는 하부에서 분기할 수 있다.

(3) **연결송수관설비**: 사이어미즈 커넥션(Siamese Connection)

① **송수구**: 화재층으로부터 지면으로 떨어지는 유리창 등이 송수 및 그 밖의 소화 작업에 지장을 주지 아니하는 장소에 설치해야 한다.

　㉠ 설치 위치: 소방차의 접근이 용이하고 노출된 장소

　㉡ 설치 높이: 0.5~1m

　㉢ 구경: 65mm의 쌍구형

　㉣ 송수구는 연결송수관의 수직배관마다 1개 이상을 설치

② **배 관**

　㉠ 주배관의 구경: 100mm 이상

　㉡ 습식설비: 지면으로부터의 높이가 31m 이상인 소방대상물 또는 지상 11층 이상인 소방대상

　㉢ 연결송수관 설비의 배관과 겸용: 주배관의 구경이 100mm 이상인 옥내소화 전설비·스프링클러설비 또는 물분무설비의 배관과 겸용 가능

③ **방수구**

　㉠ 설치 위치: 아파트의 경우 층마다 설치(1, 2층을 제외 가능)

　㉡ 설치 높이: 0.5~1m

　㉢ 11층 이상의 방수구는 쌍구형(예외: 아파트 용도로 사용되는 층)

　㉣ 유효 범위: 방수구를 중심으로 반경 50m 이내

　㉤ 표준치

　　ⓐ 방수압력: 0.35MPa 이상

　　ⓑ 노즐 구경: 19mm

　　ⓒ 호스 구경: 65mm

　　ⓓ 소방 펌프의 송수압력: 0.7MPa 이상

📎 **기출지문**

소방대가 건물 외벽 또는 외부에 있는 송수구를 통해 지하층 등의 천장에 설치되어 있는 헤드까지 송수하여 화재를 진압하는 소방시설은 연결살수설비이다.

(4) 자동화재탐지설비

① **감지기**: 화재시 발생하는 열, 연기, 불꽃 또는 연소생성물을 자동적으로 감지하여 수신기에 발신하는 장치

정온식 열감지기	실내온도가 일정 온도 이상으로 상승하였을 때 작동. 열기를 취급하는 보일러실이나 주방에 설치	
	스폿형	금속의 팽창, 반도체식 등
	감지선형	일국소의 주위온도가 일정한 온도 이상이 되는 경우에 작동하는 것으로서 외관이 전선으로 되어 있는 것
차동식 열감지기	실내 온도의 급격한 변화시 감지, 작동 - 거실, 사무실	
	스폿형	공기팽창 방식, 반도체 방식
	분포형	공기관식, 열전대식, 열반도체식
보상식 열감지기	스폿형	

② **연기감지기**: 이온화식, 광전식 연기감지기

③ **발신기**: 화재발생 신호를 수신기에 수동으로 발신하는 장치

ㄱ 조작이 쉬운 장소에 설치하고, 스위치는 바닥으로부터 0.8m 이상 1.5m 이하의 높이에 설치할 것

ㄴ 특정소방대상물의 층마다 설치하되, 해당 특정소방대상물의 각 부분으로부터 하나의 발신기까지의 수평거리가 25m 이하가 되도록 할 것. 다만, 복도 또는 별도로 구획된 실로서 보행거리가 40m 이상일 경우에는 추가로 설치하여야 한다.

🔖 **시각경보장치**: 자동화재탐지설비에서 발하는 화재신호를 시각경보기에 전달하여 청각장애인에게 점멸형태의 시각경보를 하는 것

④ **수신기**: 각 경계구열별로 배치된 감지기, 발신기, 중계기에 의해 보내어진 감지신호 또는 화재신호를 수신하여 기록, 표시에 의해 화재가 발생한 구역(경계구역)을 판별하고 관계자에게 경보를 발신하기 위해 설치된 장치

⑤ **음향장치**

ㄱ 정격전압의 80%에서 음향을 발할 수 있을 것

ㄴ 음향은 부착된 음향장치의 중심으로부터 1m 떨어진 위치에서 90dB 이상이 되는 것으로 해야 한다.

⊞ **자동화재탐지설비의 경보방식**

발화층	경보가 되는 층
2층 이상의 층	발화층 + 직상층
1층	2층 + 1층 + 지하층
지하층	발화층 + 직상층 + 기타 지하층

ⓢ 스프링클러, 비상방송설비, 자동화재탐지설비의 음향장치

⊞ **11층 이상 고층의 경우, 공동주택 16층 이상**

발화층	경보가 되는 층
2층 이상의 층에서 발화	발화층 및 그 직상 4개층
1층에서 발화한 때	발화층, 그 직상 4개층, 지하층
지하층에서 발화한 때	발화층, 그 직상층 및 기타의 지하층

4. 피난설비

(1) 비상조명등

① 소방대상물의 각 거실과 그로부터 지상에 이르는 복도·계단 및 그 밖의 통로에 설치

② **조도**: 1lx 이상

③ **비상전원**: 20분 이상, 60분 이상 유효(지하층을 제외한 층수가 11층 이상의 층)

(2) 유도등 및 유도표지

① **피난구유도등**

㉠ 피난구의 바닥으로부터 높이 1.5m 이상의 곳에 설치

㉡ 조명도는 피난구로부터 30m의 거리에서 문자와 색채를 쉽게 식별할 수 있는 것

② **복도통로유도등**

㉠ 복도에 설치할 것

㉡ 구부러진 모퉁이 및 보행거리 20m마다 설치할 것

㉢ 바닥으로부터 높이 1m 이하의 위치에 설치할 것

㉣ 조도: 1lx 이상

㉤ 통로유도등은 백색바탕에 녹색으로 피난방향을 표시한 등

③ **거실통로유도등**

　　㉠ 거실의 통로에 설치할 것. 다만, 거실의 통로가 벽체 등으로 구획된 경우에는 복도통로유도등 설치

　　㉡ 구부러진 모퉁이 및 보행거리 20m마다 설치할 것

　　㉢ 바닥으로부터 높이 1.5m 이상의 위치에 설치할 것. 다만, 거실통로에 기둥이 설치된 경우 높이 1.5m 이하의 위치에 설치할 수 있다.

④ **계단통로유도등**

　　㉠ 각층의 경사로 참 또는 계단참마다(1개층에 경사로참 또는 계단참이 2 이상 있는 경우에는 2개의 계단참마다) 설치할 것

　　㉡ 바닥으로부터 높이 1m 이하의 위치에 설치할 것

⑤ **객석유도등**: 객석의 통로, 바닥 또는 벽에 설치한다. 조도는 0.2lx 이상으로 한다.

⑥ **유도표지**

　　㉠ 계단에 설치하는 것을 제외하고는 각층마다 복도 및 통로의 각 부분으로부터 하나의 유도표지까지의 보행거리가 15m 이하가 되는 곳과 구부러진 모퉁이의 벽에 설치할 것

　　㉡ 피난구유도표지는 출입구 상단에 설치하고, 통로유도표지는 바닥으로부터 높이 1m 이하의 위치에 설치할 것

⑦ **비상전원**

　　㉠ 축전지로 할 것

　　㉡ 유도등을 20분 이상 유효하게 작동시킬 수 있는 용량으로 할 것. 다만, 다음의 소방대상물의 경우 그 부분에서 피난층에 이르는 부분의 유도등을 60분 이상 유효하게 작동시킬 수 있는 용량으로 하여야 한다.

　　　ⓐ 지하층을 제외한 층수가 11층 이상의 층

　　　ⓑ 지하층 또는 무창층으로서 용도가 도매시장·소매시장·여객자동차터미널·지하역사 또는 지하상가

피 난 기 구	1. 피난사다리	화재시 긴급대피를 위해 사용하는 사다리
	2. 완강기	사용자의 몸무게에 따라 자동적으로 내려올 수 있는 기구 중 사용자가 교대하여 연속적으로 사용할 수 있는 것
	3. 간이완강기	사용자의 몸무게에 따라 자동적으로 내려올 수 있는 기구 중 사용자가 연속적으로 사용할 수 없는 것
	4. 구조대	포지 등을 사용하여 자루형태로 만든 것으로서 화재시 사용자가 그 내부에 들어가서 내려옴으로써 대피할 수 있는 것
	5. 공기안전매트	화재 발생시 사람이 건축물 내에서 외부로 긴급히 뛰어내릴 때 충격을 흡수하여 안전하게 지상에 도달할 수 있도록 포지에 공기 등을 주입하는 구조로 되어 있는 것
	7. 다수인피난장비	화재시 2인 이상의 피난자가 동시에 해당층에서 지상 또는 피난층으로 하강하는 피난기구
	8. 승강식 피난기	사용자의 몸무게에 의하여 자동으로 하강하고 내려서면 스스로 상승하여 연속적으로 사용할 수 있는 무동력 승강식피난기
	9. 하향식 피난구용 내림식사다리	하향식 피난구 해치에 격납하여 보관하고 사용시에는 사다리 등이 소방대상물과 접촉되지 아니하는 내림식 사다리

5. 공동주택의 화재안전기준

(1) 소화기구 및 자동소화장치

① 바닥면적 $100m^2$마다 1단위 이상의 능력단위를 기준으로 설치할 것

② 아파트등의 경우 각 세대 및 공용부(승강장, 복도등)마다 설치할 것

③ 주거용 주방자동소화장치는 아파트등의 주방에 열원(가스 또는 전기)의 종류에 적합한 것으로 설치하고, 열원을 차단할 수 있는 차단장치를 설치해야 한다.

(2) 옥내소화전설비

① 호스릴(Hose Reel) 방식으로 설치할 것

② 복층형 구조인 경우에는 출입구가 없는 층에 방수구를 설치하지 아니할 수 있다.

③ 감시제어반 전용실은 피난층 또는 지하 1층에 설치할 것. 다만, 상시 사람이 근무하는 장소 또는 관계인이 쉽게 접근할 수 있고 관리가 용이한 장소에 감시제어반 전용실을 설치할 경우에는 지상 2층 또는 지하 2층에 설치할 수 있다.

(3) 스프링클러설비

① 아파트등의 경우 화장실 반자 내부에는 「소방용 합성수지배관의 성능인증 및 제품검사의 기술기준」에 적합한 소방용 합성수지배관으로 배관을 설치할 수 있다. 다만, 소방용 합성수지배관 내부에 항상 소화수가 채워진 상태를 유지할 것

② 하나의 방호구역은 2개 층에 미치지 아니하도록 할 것. 다만, 복층형 구조의 공동주택에는 3개 층 이내로 할 수 있다.

③ 아파트등의 세대내 스프링클러헤드를 설치하는 천장·반자·천장과 반자 사이·덕트·선반등의 각 부분으로부터 하나의 스프링클러헤드까지의 수평거리는 2.6m 이하로 할 것

④ 외벽에 설치된 창문에서 0.6m 이내에 스프링클러헤드를 배치하고, 배치된 헤드의 수평거리 이내에 창문이 모두 포함되도록 할 것

⑤ 거실에는 조기반응형 스프링클러헤드를 설치할 것

(4) 자동화재탐지설비

① 세대내 거실(취침용도로 사용될 수 있는 통상적인 방 및 거실을 말한다)에는 연기감지기를 설치할 것

② 복층형 구조인 경우에는 출입구가 없는 층에 발신기를 설치하지 아니할 수 있다.

(5) 비상방송설비

① 확성기는 각 세대마다 설치할 것

② 아파트등의 경우 실내에 설치하는 확성기 음성입력은 2W 이상일 것

(6) 피난기구

① 아파트등의 경우 각 세대마다 설치할 것

② 피난장애가 발생하지 않도록 하기 위하여 피난기구를 설치하는 개구부는 동일 직선상이 아닌 위치에 있을 것. 다만, 수직 피난방향으로 동일 직선상인 세대별 개구부에 피난기구를 엇갈리게 설치하여 피난장애가 발생하지 않는 경우에는 그렇지 않다.

③ 「공동주택관리법」제2조 제1항 제2호(마목은 제외함)에 따른 "의무관리대상 공동주택"의 경우에는 하나의 관리주체가 관리하는 공동주택 구역마다 공기안전매트 1개 이상을 추가로 설치할 것. 다만, 옥상으로 피난이 가능하거나 수평 또는 수직 방향의 인접세대로 피난할 수 있는 구조인 경우에는 추가로 설치하지 않을 수 있다.

④ 갓복도식 공동주택 또는 「건축법 시행령」 제46조 제5항에 해당하는 구조 또는 시설을 설치하여 수평 또는 수직 방향의 인접세대로 피난할 수 있는 아파트는 피난기구를 설치하지 않을 수 있다.

⑺ **유도등**

① 소형 피난구 유도등을 설치할 것. 다만, 세대 내에는 유도등을 설치하지 않을 수 있다.

② 주차장으로 사용되는 부분은 중형 피난구유도등을 설치할 것

③ 「건축법 시행령」 제40조 제3항 제2호 나목 및 「주택건설기준 등에 관한 규정」 제16조의2 제3항에 따라 비상문자동개폐장치가 설치된 옥상 출입문에는 대형 피난구유도등을 설치할 것

⑻ **비상조명등**

각 거실로부터 지상에 이르는 복도·계단 및 그 밖의 통로에 설치해야 한다. 다만, 공동주택의 세대내에는 출입구 인근 통로에 1개 이상 설치한다.

⑼ **연결송수관설비**

① 층마다 설치할 것. 다만, 아파트등의 1층과 2층(또는 피난층과 그 직상층)에는 설치하지 않을 수 있다.

② 아파트등의 경우 계단의 출입구(계단의 부속실을 포함하며 계단이 2 이상 있는 경우에는 그 중 1개의 계단을 말한다)로부터 5m 이내에 방수구를 설치하되, 그 방수구로부터 해당 층의 각 부분까지의 수평거리가 50m를 초과하는 경우에는 방수구를 추가로 설치할 것

③ 쌍구형으로 할 것. 다만, 아파트등의 용도로 사용되는 층에는 단구형으로 설치할 수 있다.

⑽ **비상콘센트**

아파트등의 경우에는 계단의 출입구(계단의 부속실을 포함하며 계단이 2개 이상 있는 경우에는 그 중 1개의 계단을 말한다)로부터 5m 이내에 비상콘센트를 설치하되, 그 비상콘센트로부터 해당 층의 각 부분까지의 수평거리가 50m를 초과하는 경우에는 비상콘센트를 추가로 설치해야 한다.

6. 고층건축물의 화재안전기준

(1) **고층건축물** : 층수가 30층 이상이거나 높이가 120m 이상인 건축물

(2) **초고층건축물** : 층수가 50층 이상이거나 높이가 200m 이상인 건축물

(3) **스프링클러설비와 옥내소화전설비**

① **수원과 예비전원** : 고층 - x2, 초고층 - x3

② 50층 이상인 건축물의 스프링클러설비(옥내소화전설비) 주배관 중 수직배관은 2개 이상으로 설치

07 가스설비

Chapter

01 가스의 공급

(1) **고압공급**: 1MPa 이상(10kg/cm^2 이상), 제조공장에서 가스홀더까지 이르는 배관

(2) **중앙공급**: 1MPa 미만~0.1MPa 이상(10kg/cm^2~1kg/cm^2), 홀더에서 대규모 빌딩의 냉난방설비, 지역난방

(3) **저압공급**: 0.1MPa 미만(1kg/cm^2 이하), 50~250mmAq(0.5~2.5kPa), 소규모 수용가

02 도시가스 기구의 배관설계(배관시 주의사항)

(1) 배관의 굴곡부에는 어느 곳에나 90° 엘보를 사용한다.

(2) 응축수 유입방지를 위해 배관은 본관을 향해 하향구배로 한다(횡주관 1/100~1/200).

(3) 공급관이 하중에 견디기 위하여 관지름을 20mm 이상으로 한다.

(4) 배관의 길이가 길면 도중에 신축이음을 한다.

(5) 외부로부터 부식과 손상이 될 우려가 있는 장소를 피하고 가능하면 온도변화를 받지 않는 장소를 택한다.

(6) 건물의 주요 구조부를 관통하지 말아야 한다.

(7) 초고층 건물의 상층부로 공기보다 무거운 가스를 공급할 경우, 압력이 떨어지는 것을 고려해야 한다.

(8) 가스사용시설에 설치된 압력조정기는 매 1년에 1회 이상 압력조정기의 유지·관리에 적합한 방법으로 안전점검을 실시한다.

가스설비 관련 용어 기출지문
1. 고(위)발열량 또는 총발열량은 연소시 발생되는 수증기의 잠열을 포함한 것이다.
2. 정압기는 가스 사용 기기에 적합한 압력으로 공급할 수 있도록 가스압력을 조정하는 기기이다.
3. 발열량은 통상 $1Nm^3$당의 열량으로 나타내는데, 여기에서 N은 표준상태를 나타내는 것으로, 가스에서의 표준상태란 0℃, 1atm을 말한다.
4. 이론공기량은 가스 $1m^3$를 완전 연소시키는 데 필요한 이론상의 최소 공기량이다.

03 도시가스의 원료와 특징

1. LPG(액화석유가스) : 프로판, 부탄이 주성분

(1) 공기보다 무겁다.

(2) 감지기는 바닥 위 30cm에 설치한다.

(3) LNG보다 발열량이 크고 많은 공기량이 필요하다.

(4) 연소가스에 의한 중독 위험성이 있다.

(5) 무색, 무취이므로 메캅탄 등의 부취제를 첨가한다.

(6) 액화 및 기화가 용이(배관 및 용기 공급)하다.

2. LNG(액화천연가스)/(유량 m^3/h) : 메탄이 주성분

(1) 공기보다 가볍다.

(2) 감지기는 천장에서 30cm에 설치한다.

(3) 액화가 곤란(−162℃)하다.

(4) 대규모 저장시설이 필요하다.

(5) 배관 공급으로 공급한다.

04 도시가스 배관

배관의 매설심도	공동주택 부지 내	0.6m 이상
	폭 8m 이상 도로	1.2m 이상(저압배관에서 횡으로 분기하여 수요가에게 직접 연결되는 경우 1.0m 이상)
배 관	① 재 료 　⊙ 강관 : 저압 및 중압설비 중 노출배관에 많이 사용 　ⓒ 스테인레스강관, 이음매 없는 동 및 동합금관 : 주로 저압 및 중압배관에 사용 　ⓒ 지하매설배관 : 폴리에틸렌 피복강관(이음부 : 부식방지조치) 　　(최고사용압력이 0.4MPa 이하 배관 : 가스용 폴리에틸렌관) 　ⓔ 배관의 표시 : 외부에 사용가스명, 최고사용압력, 가스의 흐름방향을 표시 　　(지하배관 : 가스흐름방향을 생략 가능) ② 건축물 안의 배관 : 노출시공 　⊕ **예외** : 도시가스의 저압배관으로서 스테인리스강관·금속제의 보호관이나 보호판으로 보호조치를 한 동관·가스용 금속플렉시블호스를 이음매(용접이음 제외) 없이 설치하는 경우 매설가능 ③ 배관의 고정 　⊙ 호칭지름 13mm 미만 : 1m마다 　ⓒ 13mm 이상 33mm 미만 : 2m마다 　ⓒ 33mm 이상 : 3m마다
가스배관의 표면 색상	① 지상배관 : 황색(1m 높이에 폭 3cm의 황색띠를 2중으로 한 경우 황색 생략 가능) ② 지하배관 : 저압(황색), 중압(적색)	

이격거리	이격거리	가스계량기
	60cm	• 전기계량기 • 전기개폐기
	30cm	• 굴뚝(단열×) • 전기점멸기 • 전기접속기
	15cm	전선(절연×)
	① 입상관 화기와 2m 이상 유지, 우회 ② 입상관의 밸브 : 바닥으로부터 1.6m 이상 2m 이내 설치(예외 : 보호상자에 설치)	

⊕ 압력조정기의 안전점검은 1년에 1회 이상 실시한다.
⊕ 가스계량기 중 직접 측정방식 중 건식계량기인 막식은 가정용 등에 사용된다.

08

냉 · 난방설비

01 개 요

1. 도일(난방도일, 냉방도일)

① 단위 : ℃ · Day
② 어느 지방의 추운(더운) 정도
③ 실내 평균온도와 외기의 평균온도와 차에 일(Day)을 곱한 것
④ 연료 소비량 추정 근거

2. 열

(1) 열 량

$$Q = mc \triangle t$$
$$= 질량 \times 비열 \times 온도의\ 차$$
$$= 질량 \times 엔탈피의\ 차$$

(2) 비열 : 단위 질량의 물체 온도를 1℃ 상승시키는 데 필요한 열량

> 참 고
> 1. 1kcal = 4.2kJ, 1kJ = 0.24kcal
> 2. 1kW = 1kJ/s = 860kcal/h
> 3. 물의 비열 : 4.18kJ/kg · K
> 4. 공기 : 1.01kJ/kg · K(0.24kcal/kg · ℃)

(3) 열용량 : 어떤 물질을 1℃ 올리는 데 필요한 열량(kJ/K)

난방구분	열용량	예열시간	난방지속시간	난방방식	단열구분	온도변화
지속난방	크다	길다	길다	온수 · 복사	외단열	작다
간헐난방	작다	짧다	짧다	증기	내단열	크다

(4) **현열**(顯熱, Sensible Heat) : 상태는 변하지 않고 온도가 변하면서 출입하는 열

　　🔁 **현열을 이용한 난방**(온수난방) : 온도를 조절할 수 있기 때문에 난방부하변동에 따른 방열량 조절이
　　　용이하다.

(5) **잠열**(潛熱, Latent Heat) : 온도는 변하지 않고 상태가 변하면서 출입하는 열

(6) **엔탈피** : 어떤 물질이 가지고 있는 내부 에너지. kJ/kg(비열 × 온도)

　　🔁 **현열비** = 현열/(현열 + 잠열)
　　　1. **융해잠열** : 80kcal/kg = 336kJ/kg
　　　2. **증발잠열** : 539kcal/kg = 2,257kJ/kg
　　🔁 **기출지문**
　　　공기가 가지고 있는 열량 중, 공기의 온도에 관한 것이 현열, 습도에 관한 것은 잠열이다.

3. 벽체에서의 열이동

(1) **열전달** : 고체 벽과 이에 접하는 공기층과의 전열현상

(2) **열전달률**($W/m^2 \cdot K$) : 벽 표면과 유체 간의 열의 이동 정도

(3) **열전도** : 물체에 온도차가 있을 때 열이 고온측에서 저온측으로 물체를 통하여 이동하는 현상

(4) **열전도율**($W/m \cdot K$)

　　① 고체 내부에서 열을 전달하는 정도를 나타내는 값

　　② **열전도저항** : $d/\lambda(m^2 \cdot K/W)$

(5) **열관류** : 고체로 격리된 공간의 한쪽에서 다른 한쪽으로의 열이 이동하는 현상, 열통과라고도 한다.

(6) **열관류율**($W/m^2 \cdot K$, ℃) : 벽의 두께가 증가하면 열관류율은 감소한다.

(7) **단열재 두께 계산식을 풀 때** : 열관류저항($1/\kappa$) = 열전도저항(d/λ)

참 고

$$\frac{1}{\kappa_a} = \frac{1}{\kappa_w} + \frac{d}{\lambda}$$

[전체 열관류저항 = 벽체 열관류저항 + 단열재의 열전도저항]

κ_a : 전체 열관류율($W/m^2 \cdot K$)

κ_w : 벽체 열관류율($W/m^2 \cdot K$)

λ : 단열제의 열전도율($W/m \cdot K$)

d : 벽체의 두께

---

4. 습도와 결로

(1) 관련 용어

① **습도**: 대기 중에 포함되어 있는 수증기량의 비율

② **절대습도**(Absloute Humidity): 수증기를 포함하지 않은 공기(건공기) 1kg과 수증기(χ)kg을 포함하는 습공기 $1 + (\chi)$kg이 있을 때 그 공기는 절대습도(χ)kg/kg'[kg/kg(DA)]이라 한다.

③ **상대습도**(Relative Humidity): 대기 중의 수증기 비율은 어느 일정 용량의 공기가 포함되어 있는 수증기압과 이때 기온에 대해 최대 함유된 포화수증기압과의 비

$$
\begin{aligned}
상대습도(\%) &= \frac{실제수증기압}{그\ 온도에서의\ 포화수증기압} \times 100 \\
&= \frac{현재\ 공기\ 속에\ 포함된\ 수증기량}{현재\ 기온에서의\ 포화수증기량} \times 100
\end{aligned}
$$

④ **결로**: 실내공기가 벽면이나 유리에 접촉하여 냉각되는 것이 원인이며, 공기 중 수증기가 응축하여 물방울로 되어 나타나는 현상

(2) 노점온도(露店溫度)

① 공기 중의 수증기가 포화상태에 도달하게 되는 때의 온도이다.

② 물체의 표면온도가 노점온도 이하면 표면에 결로를 발생시킨다.

③ 공기 중의 수증기량이 많을수록 노점온도는 높게 된다.

④ 절대습도가 증가하면 노점온도는 높아진다.

건구온도와 습구온도

1. 포화공기(상대습도 100%)에서는 증발이 이루어지지 않으므로 건구온도와 습구온도는 같고, 이때 온도가 노점온도가 된다.
2. 불포화의 공기에서는 습구온도는 건구온도보다 낮다.
3. 상대습도가 낮을수록 습구온도는 낮아진다.
4. 온도가 변하지 않고 상대습도가 증가하면 절대습도는 증가하게 되고, 따라서 노점온도도 올라간다.

---

(3) 표면결로: 물체 표면에 생기는 결로

① **표면결로가 발생하기 쉬운 장소**

㉠ 단열성능이 떨어져 표면온도가 다른 부위보다 저하되는 외벽의 모서리 부위

㉡ 냉교(열교) 부분이나 창 주위

② **표면결로 방지대책**

　　㉠ 실내에서 발생하는 수증기의 억제

　　㉡ 환기에 의한 실내 절대습도의 저하

　　㉢ 단열강화에 의한 실내측 표면온도의 상승

　　㉣ 직접 가열이나 기류촉진에 의한 표면온도의 상승

(4) **내부 결로**: 벽체나 재료의 내부에서 생기는 결로

① 벽체 내부로 수증기가 침입하는 것을 방지하는 것이 중요하다.

② 온도가 높은 단열층의 실내측(고온고습측)에 방습층을 설치한다.

용어 관련 기출지문

1. 비열은 어떤 물질 1kg을 1℃ 올리기 위하여 필요한 열량을 의미하며 단위는 kJ/kg
　·K이다.

2. 엔탈피는 어떤 물질이 가지고 있는 열량을 나타내는 것으로, 현열량과 잠열량의
　합이다.

3. 노점온도는 어떤 공기의 상대습도가 100%가 되는 온도로, 공기의 절대습도가 낮
　을수록 노점온도는 낮아진다.

02 　공기조화 설비의 개요

1. 공기조화의 정의

공기조화란 주어진 실내공간의 온도, 습도, 기류속도 및 청정도를 그 실의 사용목적
에 적합한 상태로 유지시키는 것을 말한다.

2. 공기조화의 4요소

온도, 습도, 기류, 청정도

3. 습공기선도의 구성

건구온도, 습구온도, 노점온도, 절대습도, 상대습도, 포화도, 수증기압, 엔탈피, 비용적,
현열비 등

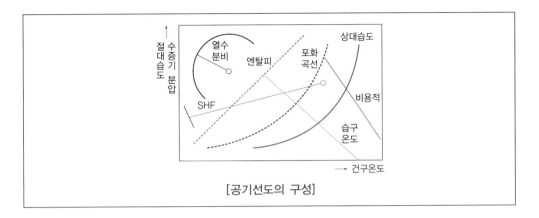

[공기선도의 구성]

4. 공기조화부하 계산

공기조화부하에는 냉방부하와 난방부하가 모두 포함되며 1년 중 가장 큰 부하인 최대부하와 일정기간 또는 1년 동안의 부하를 누적한 기간부하로 구분된다. 최대부하는 냉동기, 보일러, 공조기, FAN, PUMP 등 냉난방 장비용량 산정을 목적으로 건물설비설계시 필수적으로 계산하여야 한다.

(1) 냉방부하

부하의 종류		내 용	열
실부하	외피부하	전열부하(온도차에 의하여 외벽, 천장, 바닥, 유리 등을 통한 관류 열량)	현열
		일사에 의한 부하	현열
		틈새바람에 의한 부하	현열, 잠열
	내부부하	실내 발생열 ㉠ 조명기구 ㉡ 인체 ㉢ 기타 열원기기	현열 현열, 잠열 현열, 잠열
외기부하		환기부하(신선 외기에 의한 부하)	현열, 잠열
장치부하		송풍기부하	현열
		덕트의 열획득	현열
		재열부하	현열
		혼합 손실(2중 덕트의 냉·온풍 혼합손실)	현열
열원부하		배관 열획득	현열
		펌프에서의 열획득	현열

(2) 난방부하

난방부하도 냉방부하와 같이 계산을 하나 유리창을 통한 일사의 취득, 인체나 기기의 발열은 실온을 상승시키는 요인으로 작용하기 때문에 안전율로 생각하고 일반적으로는 고려하지 않는다. 따라서 구조체(벽, 바닥, 지붕, 창, 문)를 통한 열손실과 환기를 통한 열손실의 합이 난방부하가 된다.

> **공기조화설비계획시 고려해야 할 조닝방법**
> 필요한 곳에 필요한 만큼만 열부하(냉방부하 및 난방부하)를 경감시켜 설비용량을 작게 하고 연간 에너지소비량을 절감시키는 것이다. 따라서 조닝의 방식은 건물 또는 각 실의 방위·용도·기능 등에 따라 공조계통을 분리하는 것이다.

03 공조 방식의 분류

1. 공조 방식의 종류

방식	종류	장점	단점
전공기 방식	단일덕트 방식, 이중덕트 방식, 각층 유닛 방식, 멀티존 유닛 방식	① 모든 공기가 공조기 필터를 통과하여 청정도가 높은 공조, 냄새제어, 소음제어가 용이하다. ② 장치가 집중되어 운전 및 유지·보수가 용이하다. ③ 열회수가 용이하다. ④ 겨울철 가습이 용이하다. ⑤ 외기 냉방이 용이하다.	① 덕트 크기가 커지므로 설치공간이 많이 필요하다. ② 다른 방식에 비해 반송동력이 크다. ③ 대형의 공조기계실이 필요하다.
공기-수 방식	덕트병용 팬코일 유닛 방식, 유인(인덕션) 유닛 방식, 복사냉난방 방식	① 각 실에 설치된 유닛별로 제어하면 개별제어가 가능하다. ② 전공기 방식에 비해 덕트공간, 공조실공간 및 반송동력이 작다.	① 전공기 방식보다 상대적으로 실내 송풍량이 적으므로 전공기 방식에 비해 실내 청정도가 떨어진다. ② 실내 수(水)배관이 필요하므로 누수 우려가 있다. ③ 외기냉방, 폐열회수가 곤란하다. ④ 필터 보수, 기기 점검이 증대하여 관리량이 증가한다. ⑤ 실내기기를 바닥에 설치할 경우 바닥 유효면적이 감소한다.

| 전수
방식 | 팬코일 유닛 방식 | ① 많은 개수의 팬코일유닛·컨벡터 등을 모두 개별적으로 조정할 수 있으므로 개별제어·개별운전이 용이하다.
② 덕트공간 및 공조기 설치공간이 불필요하여 공간에 대한 활용도에 여유가 있다.
③ 열매의 반송은 주로 송풍기가 아닌 펌프에 의해 이루어지므로 반송동력이 작다.
④ 장래의 부하증가, 증축 등에 대해서는 유닛을 증설함에 따라 쉽게 대응할 수 있어 융통성이 있다. | ① 기기가 분산되어 있으므로 유지보수가 어렵다.
② 습도·청정도·실내 기류분포에 대한 제어가 곤란하다.
③ 덕트가 없어 외기 냉방 불가능하다.
④ 실내에 물배관, 전기배선, 필터 등이 필요하며 이에 대한 정기적인 점검이 필요하다. |

2. 공기조화 방식의 특징

(1) 단일덕트 방식

한 대의 공조기에 한 개의 급기덕트만 연결되어 여름에는 냉풍, 겨울에는 온풍을 송풍하여 공기조화하는 방식이다. 풍량에 따라 정풍량(CAV) 방식과 가변풍량 방식(VAV)이 있다

① **정풍량 방식**(Constant Air Volume System)

장 점	㉠ 설비비는 일반적으로 계통수가 적을 경우 다른 방식보다 적게 든다. ㉡ 공조기가 중앙에 집중되므로 보수 관리가 용이하다.
단 점	㉠ 존별 부하가 심한 곳은 정확한 실내온도 유지가 곤란하다. ㉡ VAV 방식보다 송풍동력이 커서 전기 사용량이 증가한다. ㉢ 실내 부하 증가에 대한 처리성이 불리하다. ㉣ 최대부하로 장비를 선정하므로 기기용량이 크다.

② **가변풍량 방식**(Variable Air Volume System)

장 점	㉠ 각 실, 각 존마다 변풍량 유닛을 설치, 그 부분의 부하 변동에 따라 송풍량을 조절하게 되는 등, 에너지 낭비를 방지할 수 있다. ㉡ 부하변동에 대해 제어응답이 신속하게 이루어져 적절한 송풍량이 공급되므로 쾌적성이 향상된다. ㉢ 전폐형 변풍량 유닛을 사용하면 비사용실에 대한 공조를 정지하여 에너지를 절감할 수 있다. ㉣ 변풍량 유닛을 배치하면 각 실이나 존(Zone)의 개별제어가 쉽다.
단 점	㉠ 부하가 감소되면 송풍량이 작아지므로 그로 인해 환기(換氣)가 불충분해질 염려가 있다. ㉡ 자동제어가 복잡하고, 부속기류가 필요해 설치비가 많이 든다.

🔗 **용도** : 발열량 변화, 일사량 변화가 심한 내·외부존, 사무소 건물

(2) **2중 덕트 방식**(Dual Duct System)

장 점	① 개별조절이 가능하다. ② 냉·난방을 동시에 할 수 있으므로 계절마다 냉·난방의 전환이 필요하지 않다. ③ 온도, 공기정화, 환기효과 등에 대하여 고도의 처리가 가능하다. ④ 일정량의 급기량이 확보되므로 실내의 기류분포가 양호하다. ⑤ 실내에 열매수(熱媒水) 배관이나 공조용 동력배선이 불필요하다.
단 점	① 설비비·운전비가 많이 든다. ② 덕트가 이중이므로 차지하는 면적이 넓다. ③ 습도의 완전한 조절이 힘든다. ④ 중간기에는 냉·온풍 혼합에 의한 에너지 낭비가 발생한다.

🔗 **용도** : 고급 사무소 건물, 냉·난방부하 분포가 복잡한 건물

(3) 덕트병용 팬코일 유닛 방식

실내의 외부존(외주부)에 팬코일 유닛을 설치하여 외벽을 통해 들어오는 일사부하 및 실내외 온도차에 의해 발생되는 전도열부하 등을 담당하게 하는 방식

장 점	① 외주부의 창문 밑에 설치하면 콜드 드래프트(Cold Draft)를 방지할 수 있다. ② 개별제어가 가능하므로 부분부하가 많은 건물에서 경제적인 운전이 가능하다. ③ 실내부하 변경에 대하여 팬코일 유닛의 증감으로 쉽게 대응할 수 있다. ④ 전공기 방식에 비해 외주부 부하에 상당하는 풍량을 줄일 수 있으므로 덕트 설치 공간이 작아도 된다. ⑤ 열매로서 물을 이용하므로 공기를 이용할 때보다 이송동력이 적다.
단 점	① 수배관으로 인한 누수의 염려가 있다. ② 부분부하시 도입외기량이 부족하여 실내공기의 오염이 심하다. ③ 실내에 설치된 팬코일 유닛 내의 팬으로부터 소음이 있다.

⟳ 용도: 사무실 건물을 비롯한 다양한 용도의 건물에서 현재 많이 사용

04 냉동설비 및 열원설비

1. 냉동설비

(I) 압축식 냉동기

① **냉매순환 사이클**: 압축기 ⇨ 응축기 ⇨ 팽창밸브 ⇨ 증발기
② **특 징**
　㉠ 장점: 흡수식에 비해 운전이 용이하고 낮은 온도의 냉수를 얻을 수 있다.
　㉡ 단점: 전력소비가 많다.
③ **종류**: 왕복동식, 회전식(스크류식), 터보식(원심식)
　㉠ 팽창밸브: 고온고압 액체 ⇨ 저온저압 액체(단열팽창)
　㉡ 증발기: 저온저압 액체 ⇨ 저온저압 기체(잠열흡수, 냉동냉각, 등온등압과정)
　㉢ 압축기: 저온저압 기체 ⇨ 고온고압 기체
　㉣ 응축기: 고온고압 기체 ⇨ 고온고압 액체(잠열방출, 등은동압과정)

(2) 흡수식 냉동기

① **구성**: 응축기, 증발기, 흡수기, 재생기(발생기)로 구성
② **냉매 및 흡수액**: 냉매는 주로 물이며, 흡수액(수용액)은 취화리튬(LiBr)수용액이다.

③ 특 징

장 점	㉠ 기기내부가 진공상태로서 파열의 위험이 없으며 운전 유자격자가 필요없다. ㉡ 기기의 구성요소 중 회전하는 부분이 적어 소음 및 진동이 적다. ㉢ 흡수식 냉·온수기 한 대로 냉방과 난방을 겸용할 수 있다.
단 점	㉠ 설치면적 및 중량이 크다. ㉡ 기기를 통해 배출되는 열량이 압축식에 비해 크므로 냉각탑, 냉각수 펌프 등의 용량이 커진다. ㉢ 예냉시간이 길어 냉방용 냉수가 나올 때까지 시간이 걸린다.

2. 냉동능력

냉동톤으로 표시하며 0℃의 물 1톤을 24시간 동안에 0℃의 얼음으로 만드는 능력을 말한다.

$$1 \text{ 냉동ton} = \frac{79.7 \times 1,000}{24} = 3,320 \text{kcal/h} \fallingdotseq 13,904 \text{kJ/h} \fallingdotseq 3,860[\text{W}]$$

3. 몰리에르선도

(1) 엔탈피와 압력의 관계로 표시한다.

(2) **COP**(성적계수): 냉동기의 성능을 나타내는 것으로 냉동에 쓰이는 일(증발엔탈피)를 외부에서 공급한 엔탈피(압축엔탈피)로 나누는 것

(3) **냉동 COP < 히트 펌프 COP**

① **흡수식 냉동기**: 증발기 ⇨ 흡수기 ⇨ 재생기 ⇨ 응축기

② **압축식 냉동기**: 증발기 ⇨ 압축기 ⇨ 응축기 ⇨ 팽창밸브

③ **냉동 COP**: 압축기가 한 일에 대한 증발기가 한 일의 비율로 냉동성능을 나타낸다.

④ 히트 펌프에서 냉동 COP는 난방 COP보다 작다.

⑤ 냉각탑의 용량은 흡수식 냉동기가 압축식 냉동기보다 더 크게 고려된다.

기출지문

1. 대형 공기조화기인 에어핸들링유닛(AHU, Air Handling Unit)의 구성요소는 공기 여과기(에어필터), 공기냉각기(냉각코일), 공기가열기(가열코일), 가습기, 송풍기 등이다.

2. 송풍기 축동력 기출문제

   풍량 1,200m³/h, 전압 300Pa, 회전수 500rpm, 전압효율 0.5인 송풍기의 회전수를 1,000rpm으로 변경할 경우 송풍기 축동력(kW)은?

   해설 동력은 회전속도의 3제곱에 비례한다.

$$L_2[W] = L_1\left(\frac{N_2}{N_1}\right)^3 = \frac{Q \cdot \Delta P}{60 \times \eta_t}\left(\frac{N_2}{N_1}\right)^3 = \frac{1,200/60 \times 300}{60 \times 0.5}\left(\frac{1,000}{500}\right)^3$$

$$= 1,600[W] = 1.6kW$$

   Q : m³/min, η_t : 전압효율

   정답 1.6kW

---

4. 히트 펌프(Heat Pump, 열 펌프)

(1) 저온의 열원으로부터 열을 흡수하여 보다 높은 온도를 가진 또 다른 공간으로 열을 방출하는 시스템이다.

(2) 열 펌프는 4방밸브에 의해 냉매의 흐름방향을 바꾸어 냉·난방용으로 운전하는 것으로 냉매의 흐름방향을 바꾸면 증발기는 응축기로, 응축기는 증발기로 그 기능이 바뀐다.

05 보일러

1. 종 류

(1) 주철제 보일러

① 조립식 저압 보일러이다.

② 가격이 싸고 부식에 강하고 수명이 길다.

③ 소규모 건축물에 주로 사용한다.

(2) 노통연관식 보일러

① 부하변동에 안정적이고, 설치가 간단하여 주로 난방용에 사용한다.

② 0.7~1MPa 정도로 열효율이 좋아서 중대규모 건물에 적당하다.

(3) 수관식 보일러

① 단위면적당 전열면적이 큰 보일러이다.

② 증기 발생이 빠르고 예열시간이 짧아 고압증기를 만들기가 용이하다.

③ 1MPa 이상으로 대규모 건물의 고압증기난방 및 동력용에 적합하다.

(4) 관류식 보일러: 수관식 보일러와 달리 드럼이 없으며, 응답이 빠르다.

2. 보일러 용량

(1) 정미출력 = 난방부하 + 급탕부하

(2) 상용출력 = 난방부하 + 급탕부하 + 배관손실부하

(3) 정격출력 = 상용출력 + 예열부하

3. 보일러 효율

보일러의 연소실에 공급된 연료 중 몇 %가 유효한 열로서 증기 혹은 물에 전해주었는가를 나타내는 비율을 말한다.

$$\eta = \frac{W_a (i_2 - i_1)}{GH_e}$$

$$효율 = \frac{정격출력}{연료소비량 \times 연료\ 발열량}$$

η : 보일러 효율　　　　　　W_a : 실제 증발량(kg/h)
i_2 : 발생증기 엔탈피(kJ/kg)　　i_1 : 급수 엔탈피(kJ/kg)
G : 연료소비량(kg/h)　　　　H_e : 연료 발열량(kJ/kg)

기출지문
1. 저위발열량은 연소직전 상변화에 포함되는 증발잠열을 뺀 실제로 효용되는 연료의 발열량을 말한다.
2. 이코노마이저(Economizer)는 에너지 절약을 위하여 배열에서 회수된 열을 급수예열에 이용하는 방법을 말한다.

3. 상당증발량(환산증발량)은 실제증발량이 흡수한 전열량을 가지고 100℃의 온수에서 같은 온도의 증기로 만들 수 있는 증발량으로서 실제증발량을 기준증발량으로 환산한 증발량(kg/h)을 말한다.

4. 보일러 마력은 1시간에 100℃의 물 15.65kg을 전부 증기로 증발시키는 능력을 말한다.

4. 난방방식

증기난방	특징	① 잠열을 이용한 난방으로 상하 온도차가 크다. ② 열용량이 작아 예열시간이 짧고, 난방지속시간이 짧아 간헐난방에 적합하다. ③ 열운반능력이 크므로 방열면적과 관경을 온수난방보다 작게 할 수 있어 설비비가 온수난방에 비하여 적다. ④ 동결의 위험이 작다. ⑤ 표면온도가 높아 화상우려 및 쾌적도가 떨어진다. ⑥ 환수관의 부식이 심하고 수명이 짧다. ⑦ 스팀해머의 발생이 우려된다. ⑧ 방열기의 방열량 제어가 곤란하다.
	응축수 환수방식에 의한 분류	① 중력환수식: 건식환수배관(보일러 수면 위), 습식환수배관(수면 아래) ② 기계환수식: 응축수펌프, 응축수탱크 ③ 진공환수식: 진공펌프, 리프트이음
	증기난방 배관법	① 냉각레그 (Cooling Leg): 완전한 응축수로 트랩에 보내는 역할 ② 리프트 이음: 진공 환수식 난방장치에서 보일러 또는 환수관을 방열기보다 높은 곳에 설치할 때, 환수주관보다 높은 곳에 진공펌프를 설치하고 환수관의 응축수를 끌어 올릴 수 있는 배관법 ③ 하트포드 접속: ㉠ 보일러 내의 안전수위 확보하기 위한 배관법 ㉡ 빈불때기 방지를 위한 배관법
온수난방	특징	① 현열을 이용한 난방이며, 열용량이 커서 예열시간이 길다. ② 난방을 정지하여도 난방지속시간이 길다. ③ 난방부하 변동에 따라 방열량 조절이 용이하다. ④ 증기난방에 비하여 방열면적과 배관의 관경이 커야하므로 설비비가 많이 든다. ⑤ 증기난방보다 상하 온도차가 작다.

온수 난방	온수의 균등분배	① 수동밸런싱 밸브의 설치한다. ② 역환수방식의 적용 : 배관의 길이가 길어지는 방식
	팽창탱크 : 안전밸브 역할	① 개방식 팽창탱크 : 최상층의 방열기보다 1m 이상 높게 설치한다. ② 밀폐식 팽창탱크 : 지역난방이나 고온수 난방에 사용. 위치에 상관없다, 팽창관에 밸브를 설치하지 않는다.
복사 난방	특 징	① 방열기를 설치하지 않으므로 바닥면적의 이용도가 높다. ② 실내온도분포가 균등하여 쾌감도가 높다. ③ 실내평균온도가 낮아도 난방 효과가 있다. ④ 방을 개방하여도 방열량에 대해서 손실 열량이 적고 대류난방에 비해 바닥먼지가 상승하지 않는다. ⑤ 천장이 높은 방도 난방이 가능하다. ⑥ 외기 온도 변화에 따라 방열량 조절이 곤란하다. ⑦ 가열코일을 매설하므로 고장장소 발견과 수리가 곤란하다. ⑧ 난방코일의 간격은 열손실이 많은 측에서는 좁게, 적은 측에서는 넓게 해야 한다. ⑨ 열용량이 커서 예열시간이 길다. ⑩ 동일 발열량에 대하여 바닥복사난방은 복사열을 이용한 난방으로 대류난방보다 손실열량이 적다.
지역 난방	특 징	① 각 건물에 난방기기를 설치할 필요가 없어 유효면적이 증대된다. ② 각 건물에서 위험물을 취급하지 않으므로 화재 위험이 적다. ③ 에너지 이용효율이 높고 연료비가 절약된다. ④ 도시의 대기오염을 줄일 수 있다. ⑤ 인건비 및 연료비가 절약된다. ⑥ 배관망이 길어 열손실이 크며, 반송동력이 증가한다. ⑦ 초기에 시설투자비가 높다.

온돌 및 난방설비 설치기준
1. 단열층은 열손실을 방지하기 위하여 배관층과 바탕층 사이에 단열재를 설치하는 층이다.
2. 배관층과 바탕층 사이의 열저항은 심야전기이용 온돌의 경우는 제외하고 층간 바닥인 경우 해당 바닥에 요구되는 열관류저항의 60% 이상, 최하층 바닥인 경우 70% 이상이어야 한다.

방열기	표준방열량과 상당방열면적	① 증기난방 : 0.756kW/m^2 ② 온수난방 : 0.523kW/m^2 ③ 상당방열면적(m^2 E.D.R) $= \dfrac{\text{총손실열량}}{\text{표준방열량}}$
	방열기 표시법	원을 평행선으로 3등분하여 원 중앙에는 방열기의 종류와 높이를 표시하고 상단에는 섹션 수(절수)를, 하단에는 유입관과 유출관의 관경을 각각 기입한다. 18 III − 650 1/2 × 1/2 18 3 − 650 1/2 × 1/2 15 W − V 3/4 × 3/4
난방용 부속품	증기 트랩	응축수만 보일러에 환수시키기 위한 트랩 ① 방열기 트랩(열동 트랩, 벨로즈 트랩) : 저압, 소용량 사용 ② 버킷 트랩(관말 트랩) : 고압증기 환수용 ③ 플로트 트랩 : 다량의 응축수를 처리하는 곳
	방열기 밸브	온수나 증기의 방열량을 조정하는 밸브
	2중 서비스 밸브	방열기 밸브와 열동 트랩의 조합, 응축수의 동결 방지, 한냉지의 하향 급기식 배관에 사용
	감압 밸브	고압을 저압으로, 압력과 유량을 일정하게 유지
	공기빼기 밸브	① 유입구 반대측 상부(온수난방) ② 유출구측 방열기 높이의 2/3 정도에 설치(증기난방)
	증기 헤더	배관의 각 계통별로 증기를 고르게 급송하기 위한 장치
	리턴콕	온수 방열기 출구에 설치, 온수의 유량조절용
	3방 밸브 (특수한 구조)	부주의로 밸브가 닫힌 채로 운전하는 경우의 위험을 방지하기 위한 목적, 온수보일러의 온수 출구 및 환수구에 설치

5. 환기설비

(1) **자연환기 방식**

① 풍력환기

② **중력환기** : 실내 공기의 온도차에 의한 환기

   ㉠ 흡입구 : 반자 높이의 1/2H

   ㉡ 배기구 : 반자 아래 설치

(2) 기계환기 방식

① **제1종 환기**(병용식) : 송풍기＋배풍기 ⇨ 가장 안전한 환기 방식

② **제2종 환기**(압입식) : 송풍기＋배기구 ⇨ 반도체실(다른 실에서의 먼지침입 방지)

③ **제3종 환기**(흡출식) : 송기구＋배풍기 ⇨ 주방, 화장실(실내의 냄새나 유해물질을 다른 실로의 확산 방지)

(3) 환기량의 결정 방법

① **허용치에 의한 계산법** : 실내 환경 유지를 위한 환경요인의 허용치와 오염량이 제시된 경우 그 허용치를 지키기 위해 필요한 환기량을 계산에 의하여 구한다.

$$필요환기량 \ Q = \frac{k}{P_i - P_o}$$

유해가스 발생량(k), 허용농도(P_i), 외기가스농도(P_o)

② **환기횟수에 의한 계산법** : 환기량은 실의 크기와 상관없이 절대량만을 사용하는 경우도 많으나 실의 크기와 관련하여 표현하는 경우 환기횟수 n을 다음 식으로 표현한다.

$$n = \frac{Q}{V} \ (회/h)$$

여기서 Q는 환기량(m^3/h), V는 실의 용적(m^3)

09 전기설비

Chapter

01 전기 일반

구 분		직 류	교 류
전 압	저 압	1,500V 이하	1,000V 이하
	고 압	1,500V 초과 7,000V 이하	1,000V 초과 7,000V 이하
	특별고압	7,000V 초과	

전 류

I(A) = Q(전하량)/t(시간)

저 항

$$R = \rho \, \frac{1}{s} \, (\Omega)$$

R: 저항(Ω)
p: 고유저항률($\Omega \cdot cm$)
l: 길이(cm)
s: 단면적(cm^2)

저항의 접속
① 직렬 접속: $R = R_1 + R_2 + R_3(\Omega)$
② 병렬 접속: $\dfrac{1}{R} = \dfrac{1}{R_1} + \dfrac{1}{R_2} + \dfrac{1}{R_3}$

전력 · 전력량

① 전 력
  ㉠ 직류 전원의 전력 P(W) = 전압V(V) × 전류I(A)
  ㉡ 교류 전원의 전력
    ⓐ 단상 P(W) = V × I × 역률($\cos\phi$)
    ⓑ 삼상 P(W) = $\sqrt{3}$ × V × I × 역률($\cos\phi$)

② 전력량
  W(kWh) = 전력(P) × 시간(h)

③ 역 률
  $$역률(\cos\phi) = \frac{유효전력}{피상전력}$$
  🔁 **역률 개선**: 진상콘덴서(SC) − 전동기나 변압기에 병렬로 연결
  역률 개선 효과: 전력손실 감소, 수변전 설비용량 감소, 한전의 송전능력 확대

02 수변전설비

1. 설계순서

① 설비용량을 산출
② 최대수용전력에 따라 수변전설비 용량(변압기 용량)을 산출

> 최대수요전력 = 부하용량 × 수요율(%) × 1/100

③ 계약전력과 수전전압 결정
④ 인입 방식과 배선 방식 결정
⑤ 배전 설비 형식 결정
⑥ 변전실 위치 결정

수변전설비의 용량

1. 부하설비 용량(VA) = 부하밀도(VA/m^2) × 연면적(m^2)
2. 수용률(Demand Factor)

$$수용률 = \frac{최대수요전력합계(kVA)}{총\ 부하설비용량합계(kVA)} \times 100(\%)$$

3. 부하율(Load Factor)

$$부하율 = \frac{부하의\ 평균전력(kVA)}{최대수요전력(kVA)} \times 100(\%)$$

부하율은 기준에 따라 일부하율, 월부하율, 연부하율 등으로 나타내며 부하율이 클수록 전기설비가 유효하게 사용하고 있음을 나타낸다. 부하율이 작다는 것은 설비의 가동률이 낮다는 것을 의미한다.

4. 부등률(Diversity Factor)

$$부등률 = \frac{각\ 부하의\ 최대수요전력의\ 합(kVA)}{합성\ 최대수요전력(kVA)}$$

부등률은 항상 1보다 크며, 이 값이 클수록 일정한 공급설비로 큰 부하설비에 전력을 공급할 수 있다는 것이며, 부등률이 크다는 것은 공급설비의 이용률이 높다는 것을 뜻한다. 부등률은 합성 최대수요전력을 구하는 계수로서 부하종별 최대수요전력이 생기는 시간차에 의한 값이다.

> **주택건설기준 등에 관한 규정 제40조【전기시설】** ① 주택에 설치하는 전기시설의 용량은 각 세대별로 3킬로와트(세대당 전용면적이 60제곱미터 이상인 경우에는 3킬로와트에 60제곱미터를 초과하는 10제곱미터마다 0.5킬로와트를 더한 값)이상이어야 한다.

2. 기기의 구성

기기의 구성	① 변압기	—	
	② 단로기(DS)	무부하 개폐에 사용	
	③ 차단기(CB)	㉠ 이상전류자동차단 ㉡ 부하회로개폐 ㉢ 아크 소멸작용 ㉣ OCB, ABB, VCB, MCB, GCB, ACB, MCCB	
	④ 개폐기(S)	부하회로개폐, COS, VS	
	⑤ 전력퓨즈(PF)	단락전류 차단 목적	
	⑥ 피뢰기(LA)	낙뢰나 혼촉 사고에 의한 이상 전압 발생시 선로 및 기기 등을 보호. 제1종 접지	
	⑦ 진상 콘덴서(SC)	역률 개선	
	⑧ 계기용 변성기	㉠ PCT(계기용 변압 변류기)	MOF, – WH
		㉡ PT(계기용 변압기)	—
		㉢ CT(계기용 변류기)	—
		㉣ ZCT(영상 변류기)	지락전류 검출
	⑨ 보호 계전기	㉠ 과전류계전기(OCR)	
		㉡ 과전압계전기(OVR)	
		㉢ 부족전압계전기(UVR)	
		㉣ 지락계전기(접지계전기, GR)	
		㉤ 비율차동계전기(변압기 내부 고장보호용, DFR)	

03 예비전원설비

비상전원
1. 자동화재 탐지설비
   1시간 감시상태를 계속한 직후에 자동화재탐지설비를 10분 이상 경보를 작동
2. 유도등 · 비상조명등
   ① 60분 이상(지하상가 및 11층 이상인 소방대상물)
   ② 20분 이상(지하상가 및 11층 이상인 소방대상물 외의 소방대상물에 설치하는 경우)
3. 무선통신보조설비 : 30분 이상(증폭기)
4. 비상콘센트 : 20분 이상(대부분 소방 관련 시설)

무정전전원장치(UPS : Uninterruptible Power System)
변환장치, 에너지 축적장치(예를 들면 축전지) 및 필요에 따라서 스위치를 조합함으로써
교류입력전원의 연속성을 확보할 수 있는 교류전원 시스템을 말한다.

⊕ 감시 제어

제어의 종류	목 적	작동 및 표시법
전원 표시	전원이 살아있는지의 유무	백색 램프
운전 표시	작동 상태 표시	적색 램프
정지 표시	정지 상태 표시	녹색 램프
고장 표시	고장 유무 표시	오렌지색 램프

04 간선 : 인입선(또는 배전반)에서 분전반에 이르는 주요한 배선

> **용어해설**
> 1. 간선(幹線, 전력간선) : 전등분전반, 배전반에서 동력제어반까지의 옥내 배전선
> 2. 분기회로(分岐回路) : 전등분전반에서 전등이나 콘센트까지의 배선, 동력제어반에서 전동기까지의 배선

(1) 간선의 설계 순서	① 간선부하용량 산출 ② 전기 방식 결정 ③ 배선 방식 결정 ④ 전선의 굵기 결정	
(2) 전기 방식 (배전 방식)	① **단상2선식** (110V, 220V)	일반 주택과 소규모 건물
	② **단상3선식** (220V/110V)	과거의 학교, 사무실 등 중규모 건물
	③ **3상3선식** (220V, 380V)	공장, 빌딩의 동력 전원에 많이 이용. 효율, 안정성이 좋음
	④ **3상4선식** (220V/380V)	전등용, 동력용을 동시에 공급. 대규모의 건축물, 공장 등
(3) 배선 방식	① **평행식(단독식)**	ⓐ 배전반에서 분전반까지 단독배선 ⓑ 전압강하 평준화, 사고범위 축소 ⓒ 의료기기, 공장 등의 특수 부하
	② **나뭇가지식**	부하가 감소함에 따라 전선의 굵기도 감소. 중·소규모 건물의 배전 방식에 적합
	③ **병용식**	평행식과 수지상식(나뭇가지식)을 병용. 사무용 빌딩이나 주거용 공동주택 등
(4) 전선의 굵기	① **허용전류**	열에 의한 절연물의 손상이 없도록 안전전류의 크기를 규정
	② **전압강하**	간선 및 분기회로에서 각각 표준 전압의 2% 이하
	③ **기계적 강도**	—

⊡ **전선의 색구분**

전선의 식별 규정			
2020년까지 기준(내선규정)		2021년 이후 기준	
전선구분(상 구분)	색 상	전선구분(상 구분)	색 상
R	흑색	L1	갈색
S	적색	L2	흑색
T	청색	L3	회색
N(중성선)	백색 또는 회색	N	청색
접지선	녹색 또는 녹황교차	보호도체(PE)	녹황교차

(5) **분전반**

분전반	① 가능한 한 부하의 중심에 가까울 것 ② 조작이 편리하고 안전한 곳에 설치 ③ 가능한 한 파이프 샤프트 부근에 설치 ④ 전화용 단자함이나 소화전 박스와의 조화를 고려하여 배치 ⑤ 가능한 한 매층 설치하고, 분기회로수는 20회선(예비회로 포함 40회선) 정도까지로 한다. ⑥ 간격은 30m 이하로 한다.
분기 회로	① 건물의 평면 계획과 구조를 고려, 배선은 쉽게 한다. ② 같은 실이나 같은 방향의 아웃렛은 가능하면 동일회로로 한다. ③ 복도, 계단 등은 될 수 있는 대로 동일 회로로 한다. ④ 습기가 있는 곳의 아웃렛은 다른 것과 별개의 회로로 한다. ⑤ 전등 및 아웃렛 회로는 되도록 15A 또는 배선용차단기를 시설하는 경우 20A 분기회로로 하고 특별히 용량이 큰 전기기기는 전용회로로 하되 용량에 따라 20A, 30A, 40A, 50A 회로로 한다. ⑥ 3상4선식 배선에서는 중성선 이외의 각선의 부하가 같도록 분기회로의 부하를 균형있게 한다.

(6) 배선 공사 방법

배선방법	시설의 가부(옥내)					
	노출장소		은폐장소			
			점검가능		점검불가능	
	건조한 장소	습기가 많은 장소 또는 물기가 있는 장소	건조한 장소	습기가 많은 장소 또는 물기가 있는 장소	건조한 장소	습기가 많은 장소 또는 물기가 있는 장소
애자사용	○	○	○	○	×	×
금속관	○	○	○	○	○	○
합성수지관	○	○	○	○	○	○
가요전선관 (2종)	○	○	○	○	○	○
금속몰드	○	×	○	×	×	×
플로어덕트	×	×	×	×	③	×
금속덕트	○	×	○	×	×	×
라이팅덕트	○	×	○	×	×	×
버스덕트	○	×	○	×	×	×

⤴ ③은 콘크리트 등의 바닥 내에 한한다.

금속관 공사	① 단면적의 40% 이하, 전선수 10본 이하 ② 교체와 인입은 용이하나 증설은 곤란 ③ 콘크리트 매입공사에 주로 사용 ④ 화재에 대한 위험성과 충격에 강하다. ⑤ 부식되기 쉽고, 전기전도성이 크다. 접지 필요
합성수지관 공사	① 전기절연성, 내화학성, 내식성 ② 열과 충격에 약함 ③ 화학 공장의 배선 등에 주로 사용 ④ 중량물의 압력 또는 현저한 기계적 충격을 받을 우려가 없도록 시설할 것 ⑤ 이중천장(반자 속 포함) 내에는 시설할 수 없다. ⑥ 습기가 많은 장소 또는 물기가 있는 장소에 시설하는 경우에는 방습 장치를 할 것

가요전선관 공사	① 굴곡장소가 많은 곳 ② 진동이 많은 전동기, 엘리베이터의 배선, 기차나 전차 내의 배선
금속덕트 공사	① 수변전실에서 간선부분, 공장의 다수 기계 장치에의 배선과 같이 다수의 저압 배선을 인출하는 경우 ② 장래의 증설이 예정된다던가 변경 공사가 많을 때 편리
버스덕트 공사	비교적 큰 전류가 통하는 저압 배전반 부근 및 간선
플로어덕트 공사	은행, 회사 등과 같은 바닥이 넓은 사무실
라이팅덕트 공사	쇼윈도처럼 조명선이 복잡한 경우에 이용
금속몰드 공사	철근 콘크리트 건물에서 기설의 금속관 배선에서 증설 배선하는 경우
케이블 공사	캡타이어 케이블을 이용할 때를 제외하고 전개된 장소 또는 은폐장소, 건조, 습기, 물기가 있는 장소에 시설

05 약전 및 방재설비

1. 접지와 피뢰침설비

(1) 접지 공사

① 목 적

　㉠ 전위 상승에 따른 기기 보호 및 인축의 접촉 사고 방지

　㉡ 변압기 1·2차측의 혼촉에 의한 사고 방지

② 접지의 종별

접지대상	과거 접지방식	KEC 접지방식
(특)고압설비	1종 접지저항 10Ω	㉠ 계통접지: TN, TT, IT계통
600V 이하 설비	특3종 접지저항 10Ω	㉡ 보호접지: 등전위본딩 등
400V 이하 설비	3종 접지저항 100Ω	㉢ 피뢰시스템접지
변압기	2종(계산 요함)	"변압기 중성점 접지"로 명칭 변경

③ 접지방식

　㉠ 계통접지: 전력계통의 이상 현상에 대비하여 대지와 계통을 접속

　㉡ 보호접지: 감전보호를 목적으로 기기의 한 점 이상을 접지

　㉢ 피뢰시스템접지: 뇌격전류를 안전하게 대지로 방류하기 위한 접지

④ **접지시스템의 종류**

　㉠ 단독접지 : (특)고압 계통의 접지극과 저압 접지계통의 접지극을 독립적으로 시설하는 접지

　㉡ 공통접지 : 공통접지는 (특)고압 접지계통과 저압 접지계통을 등전위 형성을 위해 공통으로 접지하는 방식

　㉢ 통합접지방식 : 계통접지·통신접지·피뢰접지의 접지극을 통합하여 접지하는 방식

⑵ **피뢰침설비**

① 20m 이상의 건축물

② 철골조의 철골구조물과 철근콘크리트조의 철근구조체 등을 사용하는 경우 전기적 연속성 보장, 건축물 금속구조체의 상단부와 하단부 사이의 전기저항 0.2Ω 이하

③ 높이가 60m를 초과하는 건축물 등에는 지면에서 건축물 높이의 5분의 4가 되는 지점부터 상단부분까지의 측면에 수뢰부를 설치하여야 하며, 지표레벨에서 최상단부의 높이가 150m를 초과하는 건축물은 120m의 지점부터 상단부분까지의 측면에 수회부를 설치할 것

④ 급수·급탕·난방·가스 등을 공급하기 위하여 건축물에 설치하는 금속배관 및 금속재 설비는 전위(電位)가 균등하게 이루어지도록 전기적으로 접속할 것

2. 항공기 장해등

야간에 비행하는 항공기에 대하여 항공의 장해가 되는 물건의 존재를 시각으로 인식시키기 위한 것이다. 지표면 또는 수면으로부터 60m 이상 높이의 건축물이나 공작물 등에 설치한다. 고광도, 중광도, 저광도 항공장해 등이 있다.

06 조명설비

(1) 조명용어	① 광속	광원에서 나오는 빛의 양, 단위 : lm(Lumen)	
	② 광도	광원의 세기, 단위 : cd(Candela)	
	③ 조도	어느 면에 대한 밝기, 거리의 제곱에 반비례, 단위 : lx(lux)	
	④ 휘도	물체 표면의 밝기, 단위 : sb(stilb = cd/cm^2), nit(nit = cd/m^2)	
	⑤ 연색성	광원의 색 구별 능력	
(2) 조명방식	① 배치에 따른 분류	㉠ 전반 조명	전체적으로 균일한 조도
		㉡ 국부 조명	필요한 곳만 조명, 명암차가 커서 눈이 쉽게 피로하다.
		㉢ 전반·국부 조명	장시간 정밀작업 등을 위한 조명, 눈 피로가 적다.
	② 배광에 따른 분류	㉠ 직접 조명	경제적인 조도, 주위와 심한 휘도차, 짙은 음영
		㉡ 간접 조명	조명 능률은 떨어지지만 부드러운 음영, 분위기 안정
		㉢ 반간접 조명	직접 조명과 간접 조명 혼용
(3) 조명 설계 순서	소요조도 결정 ⇨ 광원의 선정 ⇨ 조명 방식 결정 ⇨ 조명기구 배치 ⇨ 광속 계산 ⇨ 광원의 크기 결정		
(4) 건축화 조명	① 다운 라이트	핀홀 라이트	개구부가 극히 적은 것
		코퍼 라이트	천장면에 반원구의 구멍을 뚫어서 거기에 기구를 설치한 것
	② 광천장 조명	건축구조로서 천장에 기구를 설치하여 그 밑에 루우버와 확산투과 플라스틱판을 천장마감으로서 설치한 방식, 천장 전면을 낮은 휘도로 빛나게 하는 방법	
	③ 코브라이트	광원은 눈가림판 등으로 가리고 빛을 천장에 반사시켜 간접 조명하는 방법	
	④ 벽면조명	코니스라이트, 밸런스라이트 등	

광속법에 의한 조도계산(NFUM = EA, NFU = EAD)

조도, 전등의 종류 및 조명기구의 형식이 결정된 후 그 실내에서 필요한 총 광속을 광속법에 따라 결정한다.

- 소요램프수 : $N = \dfrac{E \times A}{F \times U \times M}$ (개)

- 소요광속 : $N \times F = \dfrac{E \times A}{M \times U} = \dfrac{E \times A \times D}{U}$ (lm)

- 소요평균조도 : $E = \dfrac{N \times F \times U \times M}{A}$ (lx)

여기서, N : 램프의 개수, F : 램프 1개당 광속(lm),
E : 평균수평면조도(lx), D : 감광보상률,
U : 조명률, M : 부수율(유지율),
감광보상률과 유지율과 관계 : $D \times M = 1$

---

1. 연색성은 물체의 색은 물체에 비추는 광원에 따라 색이 다르게 보이는 성질을 말하며, 태양광이 연색성이 가장 좋은 광원이 된다. 광원이 태양광과 비교하여 물체의 색상을 얼마나 정확하게 재현하는 평가 척도를 연색지수 CRI(Color Rendering Index)라고 하며 측정 단위는 Ra로 표기된다.
2. 색온도는 어떠한 물체(흑체)의 색이 특정 광색을 나타낼 때, 광원의 색을 절대온도를 이용해 숫자로 표시한 것을 말한다.
3. 균제도(Uniformity Ratio of Illuminance)는 어떠한 대상 물체의 수평면 상에서 조도가 고르게 분포되는 정도를 수치로 나타낸 것으로 간단하게 말해 조명의 조도가 균일한 정도를 나타낸 것. (균제도 = 최소 조도/평균조도, 평균 조도/최대조도) − 균제도가 좋지 않을 경우 광량의 차이로 인해 피로도를 유발할 수 있기 때문에 도로나 건축물, 기타 용도로 조명을 설계할 때 주로 고려된다.
4. 암순응은 밝은 곳에서 어두운 곳으로 들어갈 때 동공이 확장되어 감광도가 높아지는 현상이다.
5. 조명률은 광원에서 나온 광속이 작업면에 도달하는 비율을 나타내는 것을 말한다.

07 지능형 홈네트워크설비 설치 및 기술기준

1. 용어 정의

(1) 홈네트워크설비		주택의 성능과 주거의 질 향상을 위하여 세대 또는 주택단지 내 지능형 정보통신 및 가전기기 등의 강호 연계를 통하여 통합된 주거서비스를 제공하는 설비로 홈네트워크망, 홈네트워크장비, 홈네트워크사용기기로 구분한다.
(2) 홈네트워크망		① 단지망 : 집중구내통신실에서 세대까지를 연결하는 망 ② 세대망 : 전유부분(각 세대내)을 연결하는 망
(3) 홈네트워크장비	① 홈게이트웨이	전유부분에 설치되어 세대내에서 사용되는 홈네트워크 사용기기들을 유·무선 네트워크로 연결하고 세대망과 단지망 혹은 통신사의 기간망을 상호 접속하는 장치
	② 세대단말기	세대 및 공용부의 다양한 설비의 기능 및 성능을 제어하고 확인할 수 있는 기기로 사용자인터페이스를 제공하는 장치
	③ 단지네트워크 장비	세대내 홈게이트웨이와 단지서버간의 통신 및 보안을 수행하는 장비로서, 백본(Back-Bone), 방화벽(Fire Wall), 워크그룹스위치 등 단지망을 구성하는 장비
	④ 단지서버	홈네트워크설비를 총괄적으로 관리하며, 이로 부터 발생하는 각종 데이터의 저장관리 서비스를 제공하는 장비
(4) 홈네트워크사용기기	① 원격제어기기	주택내부 및 외부에서 가스, 조명, 전기 및 난방, 출입 등을 원격으로 제어할 수 있는 기기
	② 원격검침시스템	주택내부 및 외부에서 전력, 가스, 난방, 온수, 수도 등의 사용량 정보를 원격으로 검침하는 시스템
	③ 감지기	화재, 가스누설, 주거침입 등 세대내의 상황을 감지하는 데 필요한 기기
	④ 전자출입시스템	비밀번호나 출입카드 등 전자매체를 활용하여 주동 출입 및 지하주차장 출입을 관리하는 시스템
	⑤ 차량출입시스템	단지에 출입하는 차량의 등록여부를 확인하고 출입을 관리하는 시스템
	⑥ 무인택배시스템	물품배송자와 입주자간 직접대면 없이 택배화물, 등기우편물 등 배달물품을 주고받을 수 있는 시스템
	⑦ 그 밖에 영상정보처리기기, 전자경비시스템 등 홈네트워크망에 접속하여 설치되는 시스템 또는 장비	

	① 세대단자함	세대내에 인입되는 통신시설로, 방송공동수신설비 또는 홈네트워크설비 등의 배선을 효율적으로 분배·접속하기 위하여 이용자의 전유부분에 포함되어 실내공간에 설치되는 분배함
(5) 홈네트워크설비 설치공간	② 통신배관실 (TPS실)	통신용 파이프 샤프트 및 통신단자함을 설치하기 위한 공간
	③ 집중구내통신실 (MDF실)	국선단자함 또는 국선배선반과 초고속통신망장비, 이동통신망장비 등 각종 구내통신선로설비 및 구내용 이동통신설비를 설치하기 위한 공간
	④ 그 밖에 방재실, 단지서버실, 단지네트워크센터 등 단지 내 홈네트워크설비를 설치하기 위한 공간	

2. 홈네트워크 필수설비

(1) 홈네트워크망	① 단지망 ② 세대망
(2) 홈네트워크장비	① 홈게이트웨이(단, 세대단말기가 홈게이트웨이 기능을 포함하는 경우는 세대단말기로 대체 가능) ② 세대단말기 ③ 단지네트워크장비 ④ 단지서버(제9조 제4항에 따른 클라우드컴퓨팅 서비스로 대체 가능)

홈네트워크 필수설비는 상시전원에 의한 동작이 가능하고, 정전시 예비전원이 공급될 수 있도록 하여야 한다. 단, 세대단말기 중 이동형 기기(무선망을 이용할 수 있는 휴대용 기기)는 제외한다.

3. 홈네트워크설비의 설치기준

(1) 홈네트워크망

(2) 홈게이트웨이

① 세대단자함에 설치하거나 세대단말기에 포함하여 설치할 수 있다.

② 이상전원 발생시 제품을 보호할 수 있는 기능을 내장, 동작 상태와 케이블의 연결 상태를 쉽게 확인할 수 있는 구조로 설치한다.

(3) 세대단말기

세대내의 홈네트워크사용기기들과 단지서버간의 상호 연동이 가능한 기능을 갖추어 세대 및 공용부의 다양한 기기를 제어하고 확인할 수 있어야 한다.

(4) 단지네트워크장비

① 집중구내통신실 또는 통신배관실에 설치

② 홈게이트웨이와 단지서버간 통신 및 보안을 수행할 수 있도록 설치

(5) 단지서버

① 집중구내통신실 또는 방재실에 설치할 수 있다. 다만, 단지서버가 설치되는 공간에는 보안을 고려하여 영상정보처리기기 등을 설치하되 관리자가 확인할 수 있도록 하여야 한다.

② 잠금장치를 하여야 한다.

③ 상온 · 상습인 곳에 설치한다.

④ ①~③에도 불구하고 국토교통부장관과 사전에 협의하고, 「국가균형발전 특별법」 제22조에 따른 지역발전위원회에서 선정한 단지서버 설치 규제특례 지역의 경우에는 「클라우드컴퓨팅 발전 및 이용자 보호에 관한 법률」 제2조 제3호에 따른 클라우드컴퓨팅서비스를 이용하는 것으로 할 수 있으며, 다음 의 사항이 발생하지 않도록 하여야 한다.

    ㉠ 정보통신 보안 문제

    ㉡ 통신망 이상발생에 따른 홈네트워크사용기기 운영 불안정 문제

(6) 홈네트워크사용기기

① **원격제어기기** : 전원공급, 통신 등 이상상황에 대비하여 수동으로 조작할 수 있어야 한다.

② **원격검침시스템** : 각 세대별 원격검침장치가 정전 등 운용시스템의 동작 불능시에도 계량이 가능해야 하며 데이터 값을 보존할 수 있도록 구성한다.

③ **감지기**

    ㉠ 가스감지기는 LNG인 경우에는 천장 쪽에, LPG인 경우에는 바닥 쪽에 설치

    ㉡ 동체감지기는 유효감지반경을 고려하여 설치

    ㉢ 감지기에서 수집된 상황정보는 단지서버에 전송

④ **전자출입시스템**

㉠ 지상의 주동현관 및 지하주차장과 주동을 연결하는 출입구에 설치

㉡ 화재발생 등 비상시, 소방시스템과 연동되어 주동현관과 지하주차장의 출입문을 수동으로 여닫을 수 있게 하여야 한다.

㉢ 강우를 고려하여 설계하거나 강우에 대비한 차단설비(날개벽, 차양 등)를 설치

㉣ 접지단자는 프레임 내부에 설치하여야 한다.

⑤ **차량출입시스템**

㉠ 단지 주출입구에 설치하되 차량의 진·출입에 지장이 없도록 하여야 한다.

㉡ 관리자와 통화할 수 있도록 영상정보처리기기와 인터폰 등을 설치하여야 한다.

⑥ **무인택배시스템**

무인택배함의 설치수량은 소형주택의 경우 세대수의 약 10~15%, 중형주택 이상은 세대수의 15~20% 정도 설치할 것을 권장한다.

⑦ **영상정보처리기기**

㉠ 영상정보처리기기의 영상은 필요시 거주자에게 제공될 수 있도록 관련 설비를 설치

㉡ 렌즈를 포함한 영상정보처리기기장비는 결로되거나 빗물이 스며들지 않도록 설치

4. 홈네트워크설비 설치공간

(1) 세대단자함

① 별도의 구획된 장소나 노출된 장소로서 침수 및 결로 발생의 우려가 없는 장소에 설치

② 세대단자함은 500mm × 400mm × 80mm(깊이) 크기로 설치할 것을 권장

(2) 통신배관실

① 통신배관실 내의 트레이(Tray) 또는 배관, 덕트 등의 설치용 개구부는 화재시 층간 확대를 방지하도록 방화처리제를 사용

② 통신배관실의 출입문은 폭 0.7m, 높이 1.8m 이상(잠금장치를 설치, 관계자 외 출입통제 표시를 부착)

③ 통신배관실은 외부의 청소 등에 의한 먼지, 물 등이 들어오지 않도록 50mm 이상의 문턱을 설치. 다만 차수판 또는 차수막을 설치하는 때에는 그러하지 아니하다.

(3) 집중구내통신실

① 독립적인 출입구와 보안을 위한 잠금장치를 설치

② 적정온도의 유지를 위한 냉방시설 또는 흡배기용 환풍기를 설치

5. 홈네트워크설비의 기술기준

(1) 연동 및 호환성 등

① 홈게이트웨이는 단지서버와 상호 연동할 수 있어야 한다.

② 홈네트워크사용기기는 홈게이트웨이와 상호 연동할 수 있어야 하며, 각 기기간 호환성을 고려하여 설치

③ 홈네트워크설비는 타 설비와 간섭이 없도록 설치, 유지보수가 용이하도록 설치

(2) 기기인증 등

① 홈네트워크사용기기는 산업통상자원부와 과학기술정보통신부의 인증규정에 따른 기기인증을 받은 제품이거나 이와 동등한 성능의 적합성 평가 또는 시험성적서를 받은 제품을 설치

② 기기인증 관련 기술기준이 없는 기기의 경우 인증 및 시험을 위한 규격은 산업표준화법에 따른 한국산업표준(KS)을 우선 적용하며, 필요에 따라 정보통신단체표준 등과 같은 관련 단체 표준을 따른다.

(3) 하자담보 등

① 홈네트워크사용기기는 하자담보기간과 내구연한을 표기할 수 있다.

② 홈네트워크사용기기의 예비부품은 5% 이상 5년간 확보할 것을 권장, 이 경우 제1항의 규정에 따른 내구연한을 고려한다.

10 운송설비

01 엘리베이터

1. 엘리베이터의 분류

(1) **용도별** : 승객용, 화물용, 침대용 및 자동차용 엘리베이터

(2) **전원별**

① **교류 엘리베이터** : 속도 60m/min 이하

② **직류 가변 전압 엘리베이터** : 속도 90m/min 이상

(3) **속도별**

① **저속도** : 45m/min 이하

② **중속도** : 45~90m/min

③ **고속도** : 90m/min 이상

(4) **구동 방식**

① **교류 엘리베이터 제어** : VVVF제어(3VF제어, 가변전압가변 주파수 제어)
가변 전압 가변 주파수 제어(VVVF)는 인버터 제어라고 불린다. 초고속 엘리베이터
까지 적용이 가능하다. 유지·보수가 용이하며 소비전력이 절감된다.

② **직류 엘리베이터의 제어**

㉠ 직류 기어드 : 대병원 승강기용

㉡ 직류 기어리스 : 고속엘레베이터용

직류 엘리베이터의 특징
1. 교류 엘리베이터에 비해 고가이다.
2. 교류 엘리베이터에 비해 기동토크가 크다.
3. 속도제어를 할 경우 효율이 60~80%로 높다.
4. 착상오차가 1mm 이내이다.
5. 종류에 따라 부하변동에 따른 속도변동이 작다.

---

2. 엘리베이터의 구조

(1) **권상기**(Traction Machine) : 전동기축의 회전력을 로프차에 전달하는 기구로 전동기, 제동기, 감속기, 견인구차, 로프, 균형추 등으로 구성

① **전동기**(Motor) : 사용 전원의 종류에 따라 교류용 전동기, 직류용 전동기의 2종이 있다.

② **브레이크**(Brake) : 전자식으로 운전 중에는 항상 개방되어 있고, 정지시에 전원이 차단됨과 동시에 작동함

③ **감속기** : 엘리베이터의 속도를 줄이는 데 이용

㉠ 기어식 : 웜 기어를 사용하여 전동기를 회전하여 감속시킨다.

㉡ 기어레스식 : 웜 기어 없이 전동기로 감속한다, 고속 EL에 사용

④ **견인 구차**(Sheave) : 로프를 감는 도르레

⑤ **로프**(Rope)

㉠ 내구성면에서 안전율 20 이상

㉡ 로프는 3본 이상, 직경 12mm 이상

⑥ **균형추**(Counter Weight, 중추)

㉠ 권상기의 부하를 가볍게 하여 전기를 절약할 목적으로 카(Car)의 반대측 로프(Rope)에 장치

㉡ 균형추의 중량＝카의 중량＋적재 중량×(0.4~0.6)

(2) **승강 카**(Car Cage)

① **성인 1인당 기준** : 바닥면적 $0.2m^2$, 무게기준은 75kg을 기준

② 이상적인 비율＝10 : 7(너비 : 깊이)

(3) **가이드 레일**(Guide Rail) : 승강로 내의 양측면에 케이지용, 균형추용 각각 1조씩 2조가 있다.

안전장치(승강기안전관리협회편 참고)

과부하감지장치	정격 적자하중을 초과하여 적재(승차)시 경보가 울리고 문이 열림, 해소시까지 문 열고 대기함
비상호출버튼 및 비상통화장치	정전시나 고장 등으로 승객이 갇혔을 때 외부와의 연락을 위한 장치
비상등	정전시에 승강기 내부에서 5lux 이상(1시간 동안)의 밝기를 유지할 수 있는 예비조명장치
완충기	스프링 또는 유체 등을 이용하여 카, 균형추 또는 평형추의 충격을 흡수하기 위한 제동수단
출입문 안전장치 (문닫힘 안전장치)	승강기 문에 승객 또는 물건이 끼었을 때, 자동으로 다시 열리게 되어 있는 장치
비상구출문	층과 층 사이에 갇힘사고 발생시 승강기 내부의 천장이나 측면에 설치된 구출문으로 승객을 구출할 수 있음
주접촉기	정전, 저전압 또는 각부 고장시 주회로를 차단한다.
전자 – 기계 브레이크	전자식으로 운전 중에는 항상 개방되어 있고, 정지시에 전원이 차단됨과 동시에 작동함
도어인터록장치	승강장의 스위치와 동시에 작동하여 밖에서 문이 열리지 않도록 하는 장치로 승강장과 카의 도어가 동시에 닫혀야만 엘리베이터가 구동되며 도어록과 도어스위치로 구성
조속기와 과속스위치	케이지와 같은 속도로 움직이는 조속기 로프에 의해서 회전되고, 언제나 케이지의 속도를 조사하여 과속도를 검출, 카를 정지시키고, 전원을 차단한다.
비상정지장치	엘리베이터의 속도가 규정속도 이상으로 하강하는 경우에 대비하여 비상정지장치를 설치
리미트 스위치 (Limit Switch)	카(Car)가 충돌하는 것을 방지할 목적으로 종단층(최상층 또는 최하층)의 감속 정지할 수 있는 거리에 설치한다.
파이널 리미트 스위치 (Final Limit Switch)	리미트 스위치가 동작하지 않을 경우에 대비, 종단계(최상층 또는 최하층)를 현저하게 지나치지 않도록 하기 위해 설치한다.
슬로다운 스위치 (Slow Down Switch)	카가 어떤 이상 원인으로 감속되지 못하고 최상·최하층을 지나칠 경우 이를 접촉, 강제적으로 감속, 정지시키는 장치인데, 리미트 스위치(Limit Switch) 전에 설치한다.

1. 전기적 안전장치
   ① 주접촉기
   ② 과부하 계전기
   ③ 역결상릴레이
   ④ 전자 브레이크
   ⑤ 슬로다운 스위치(스토핑 스위치)
2. 기계적 안전장치
   ① 완충기
   ② 조속기
   ③ 비상정지장치
   ④ 도어 인터록
   ⑤ 파이널 리미트 스위치

건축물의 설비기준 등에 관한 규칙 제10조 【비상용승강기의 승강장 및 승강로의 구조】 법 제64조 제2항에 따른 비상용승강기의 승강장 및 승강로의 구조는 다음 각 호의 기준에 적합하여야 한다.
1. 삭제
2. 비상용승강기 승강장의 구조
   가. 승강장의 창문·출입구 기타 개구부를 제외한 부분은 당해 건축물의 다른 부분과 내화구조의 바닥 및 벽으로 구획할 것. 다만, 공동주택의 경우에는 승강장과 특별피난계단(「건축물의 피난·방화구조 등의 기준에 관한 규칙」 제9조의 규정에 의한 특별피난계단을 말한다. 이하 같다)의 부속실과의 겸용부분을 특별피난계단의 계단실과 별도로 구획하는 때에는 승강장을 특별피난계단의 부속실과 겸용할 수 있다.
   나. 승강장은 각층의 내부와 연결될 수 있도록 하되, 그 출입구(승강로의 출입구를 제외한다)에는 60분+ 방화문 또는 60분 방화문을 설치할 것. 다만, 피난층에는 60분+ 방화문 또는 60분 방화문을 설치하지 않을 수 있다.
   다. 노대 또는 외부를 향하여 열 수 있는 창문이나 제14조 제2항의 규정에 의한 배연설비를 설치할 것
   라. 벽 및 반자가 실내에 접하는 부분의 마감재료(마감을 위한 바탕을 포함한다)는 불연재료로 할 것
   마. 채광이 되는 창문이 있거나 예비전원에 의한 조명설비를 할 것
   바. 승강장의 바닥면적은 비상용승강기 1대에 대하여 6제곱미터 이상으로 할 것. 다만, 옥외에 승강장을 설치하는 경우에는 그러하지 아니하다.
   사. 피난층이 있는 승강장의 출입구(승강장이 없는 경우에는 승강로의 출입구)로부터 도로 또는 공지(공원·광장 기타 이와 유사한 것으로서 피난 및 소화를 위한 당해 대지에의 출입에 지장이 없는 것을 말한다)에 이르는 거리가 30미터 이하일 것
   아. 승강장 출입구 부근의 잘 보이는 곳에 당해 승강기가 비상용승강기임을 알 수 있는 표지를 할 것
3. 비상용승강기의 승강로의 구조
   가. 승강로는 당해 건축물의 다른 부분과 내화구조로 구획할 것
   나. 각층으로부터 피난층까지 이르는 승강로를 단일구조로 연결하여 설치할 것

02 에스컬레이터의 기준

(1) 경사도는 30°를 초과하지 않아야 한다. 다만, 높이가 6m 이하, 속도 30m/min 이하는 35°까지 가능하다.

(2) 디딤판의 정격속도는 경사도가 30° 이하는 45m/min 이하이어야 하고, 30° 초과 35° 이하는 30m/min 이하이어야 한다.

(3) 사람 또는 화물이 끼거나 장해물에 충돌하지 않도록 할 것

(4) 디딤판의 양측에 이동 손잡이를 설치하고 이동 손잡이의 상단부가 디딤판과 동일방향, 동일속도로 연동하도록 할 것

(5) 디딤판에서 60cm의 높이에 있는 이동 손잡이의 거리(내측판 간의 거리)는 1.2m 이하로 할 것

건축물 에너지절약설계기준 등

01 건축물의 에너지절약설계기준

1. 건축부문

① "거실"이라 함은 건축물 안에서 거주(단위 세대 내 욕실·화장실·현관을 포함한다)·집무·작업·집회·오락 기타 이와 유사한 목적을 위하여 사용되는 방을 말하나, 특별히 이 기준에서는 거실이 아닌 냉방 또는 난방공간 또한 거실에 포함한다.

② "외피"라 함은 거실 또는 거실 외 공간을 둘러싸고 있는 벽·지붕·바닥·창 및 문 등으로서 외기에 직접 면하는 부위를 말한다.

③ "방풍구조"라 함은 출입구에서 실내·외 공기 교환에 의한 열출입을 방지할 목적으로 설치하는 방풍실 또는 회전문 등을 설치한 방식을 말한다.

④ "외단열"이라 함은 건축물 각 부위의 단열에서 단열재를 구조체의 외기측에 설치하는 단열방법으로서 모서리 부위를 포함하여 시공하는 등 열교를 차단한 경우를 말한다.

⑤ "방습층"이라 함은 습한 공기가 구조체에 침투하여 결로발생의 위험이 높아지는 것을 방지하기 위해 설치하는 투습도가 24시간당 $30g/m^2$ 이하 또는 투습계수 $0.28g/m^2 \cdot h \cdot mmHg$ 이하의 투습저항을 가진 층을 말한다(시험방법은 한국산업규격 KS T 1305 방습포장재료의 투습도 시험방법 또는 KS F 2607 건축 재료의 투습성 측정 방법에서 정하는 바에 따른다). 다만, 단열재 또는 단열재의 내측에 사용되는 마감재가 방습층으로서 요구되는 성능을 가지는 경우에는 그 재료를 방습층으로 볼 수 있다.

⑥ "투광부"라 함은 창, 문면적의 50% 이상이 투과체로 구성된 문, 유리블럭, 플라스틱 패널 등과 같이 투과재료로 구성되며, 외기에 접하여 채광이 가능한 부위를 말한다.

⑦ "태양열취득률(SHGC)"이라 함은 입사된 태양열에 대하여 실내로 유입된 태양열 취득의 비율을 말한다.

⑧ "일사조절장치"라 함은 태양열의 실내 유입을 조절하기 위한 차양, 구조체 또는 태양열취득률이 낮은 유리를 말한다. 이 경우 차양은 설치위치에 따라 외부 차양과 내부 차양 그리고 유리간 차양으로 구분하며, 가동여부에 따라 고정형과 가동형으로 나눌 수 있다.

2. 기계설비부문

① "위험률"이라 함은 냉(난)방기간 동안 또는 연간 총시간에 대한 온도출현분포중에서 가장 높은(낮은) 온도쪽으로부터 총시간의 일정 비율에 해당하는 온도를 제외시키는 비율을 말한다.

② "효율"이라 함은 설비기기에 공급된 에너지에 대하여 출력된 유효에너지의 비를 말한다.

③ "대수분할운전"이라 함은 기기를 여러 대 설치하여 부하상태에 따라 최적 운전상태를 유지할 수 있도록 기기를 조합하여 운전하는 방식을 말한다.

④ "비례제어운전"이라 함은 기기의 출력값과 목표값의 편차에 비례하여 입력량을 조절하여 최적운전상태를 유지할 수 있도록 운전하는 방식을 말한다.

⑤ "심야전기를 이용한 축열·축냉시스템"이라 함은 심야시간에 전기를 이용하여 열을 저장하였다가 이를 난방, 온수, 냉방 등의 용도로 이용하는 설비로서 한국전력공사에서 심야전력기기로 인정한 것을 말한다.

⑥ "열회수형 환기 장치"라 함은 난방 또는 냉방을 하는 장소의 환기장치로 실내의 공기를 배출할 때 급기되는 공기와 열교환하는 구조를 가진 것으로서 KS B 6879(열회수형 환기 장치) 부속서 B에서 정하는 시험방법에 따른 열교환효율과 에너지계수의 최소 기준 이상의 성능을 가진 것을 말한다.

⑦ "이코노마이저시스템"이라 함은 중간기 또는 동계에 발생하는 냉방부하를 실내 엔탈피보다 낮은 도입 외기에 의하여 제거 또는 감소시키는 시스템을 말한다.

⑧ "중앙집중식 냉·난방설비"라 함은 건축물의 전부 또는 냉·난방 면적의 60% 이상을 냉방 또는 난방함에 있어 해당 공간에 순환펌프, 증기난방설비 등을 이용하여 열원 등을 공급하는 설비를 말한다. 단, 산업통상자원부 고시 「효율관리기자재운용규정」에서 정한 가정용 가스보일러는 개별 난방설비로 간주한다.

⑨ "TAB"라 함은 Testing(시험), Adjusting(조정), Balancing(평가)의 약어로 건물 내의 모든 설비시스템이 설계에서 의도한 기능을 발휘하도록 점검 및 조정하는 것을 말한다.

⑩ "커미셔닝"이라 함은 효율적인 건축 기계설비 시스템의 성능 확보를 위해 설계단계부터 공사완료에 이르기까지 전 과정에 걸쳐 건축주의 요구에 부합되도록 모든 시스템의 계획, 설계, 시공, 성능시험 등을 확인하고 최종 유지 관리자에게 제공하여 입주 후 건축주의 요구를 충족할 수 있도록 운전성능 유지 여부를 검증하고 문서화하는 과정을 말한다.

3. 전기설비부문

① "역률개선용커패시터(콘덴서)"라 함은 역률을 개선하기 위하여 변압기 또는 전동기 등에 병렬로 설치하는 커패시터를 말한다.

② "전압강하"라 함은 인입전압(또는 변압기 2차전압)과 부하측전압과의 차를 말하며 저항이나 인덕턴스에 흐르는 전류에 의하여 강하하는 전압을 말한다.

③ "조도자동조절조명기구"라 함은 인체 또는 주위 밝기를 감지하여 자동으로 조명등을 점멸하거나 조도를 자동 조절할 수 있는 센서장치 또는 그 센서를 부착한 등기구를 말한다.

④ "수용률"이라 함은 부하설비 용량 합계에 대한 최대 수용전력의 백분율을 말한다.

⑤ "최대수요전력"이라 함은 수용가에서 일정 기간 중 사용한 전력의 최대치를 말하며, "최대수요전력제어설비"라 함은 수용가에서 피크전력의 억제, 전력 부하의 평준화 등을 위하여 최대수요전력을 자동제어할 수 있는 설비를 말한다.

⑥ "가변속제어기(인버터)"라 함은 정지형 전력변환기로서 전동기의 가변속운전을 위하여 설치하는 설비를 말한다.

⑦ "변압기 대수제어"라 함은 변압기를 여러 대 설치하여 부하상태에 따라 필요한 운전대수를 자동 또는 수동으로 제어하는 방식을 말한다.

⑧ "대기전력자동차단장치"라 함은 산업통상자원부고시 「대기전력저감프로그램운용규정」에 의하여 대기전력저감우수제품으로 등록된 대기전력자동차단콘센트, 대기전력자동차단스위치를 말한다.

⑨ "자동절전멀티탭"이라 함은 산업통상자원부고시 「대기전력저감프로그램운용규정」에 의하여 대기전력저감우수제품으로 등록된 자동절전멀티탭을 말한다.

⑩ "일괄소등스위치"라 함은 층 또는 구역 단위(세대 단위)로 설치되어 조명등(센서등 및 비상등 제외 가능)을 일괄적으로 끌 수 있는 스위치를 말한다.

⑪ "회생제동장치"라 함은 승강기가 균형추보다 무거운 상태로 하강(또는 반대의 경우)할 때 모터는 순간적으로 발전기로 동작하게 되며, 이 때 생산되는 전력을 다른 회로에서 전원으로 활용하는 방식으로 전력소비를 절감하는 장치를 말한다.

4. 신·재생에너지설비부문

"신·재생에너지"라 함은 「신에너지 및 재생에너지 개발·이용·보급 촉진법」에서 규정하는 것을 말한다.

① "전자식 원격검침계량기"란 에너지사용량을 전자식으로 계측하여 에너지 관리자가 실시간으로 모니터링하고 기록할 수 있도록 하는 장치이다.

② "건축물에너지관리시스템(BEMS)"이란 「녹색건축물 조성 지원법」 제6조의2 제 2항에서 규정하는 것을 말한다.

③ "에너지요구량"이란 건축물의 냉방, 난방, 급탕, 조명부문에서 표준 설정 조건을 유지하기 위하여 해당 건축물에서 필요로 하는 에너지량을 말한다.

④ "에너지소요량"이란 에너지요구량을 만족시키기 위하여 건축물의 냉방, 난방, 급 탕, 조명, 환기 부문의 설비기기에 사용되는 에너지량을 말한다.

⑤ "1차에너지"란 연료의 채취, 가공, 운송, 변환, 공급 등의 과정에서의 손실분을 포 함한 에너지를 말하며, 에너지원별 1차에너지 환산계수는 "건축물 에너지효율등 급 인증 및 제로에너지건축물 인증 제도 운영규정"에 따른다.

02 절수설비 관련 법

1. 절수설비와 절수기기

(1) **절수설비**: 별도의 부속이나 기기를 추가로 장착하지 아니하고도 일반 제품에 비하여 물을 적게 사용하도록 생산된 수도꼭지 및 변기

(2) **절수기기**: 물 사용량을 줄이기 위하여 수도꼭지나 변기에 추가로 장착하는 부속이나 기기. 절수형 샤워헤드를 포함한다.

2. 절수기준

(1) **수도꼭지**: 1분당 6.0리터 이하

① **공중용 화장실**: 1분당 5리터 이하

② **샤워용**: 1분당 7.5리터 이하

(2) **변 기**

① **대변기**: 6리터 이하

② **대·소변 구분형 대변기**: 6리터 이하

③ **소변기**: 2리터 이하

(3) 대변기는 물탱크의 내부 벽면 또는 세척밸브의 수량조절용 나사 부분에 사용수량을 표시한 것

(4) 대변기의 사용수량을 조절하는 부속품은 사용수량이 6리터를 초과할 수 없는 구조로 제작한 것(다만, 변기 막힘 현상이 지속되어 이를 해소하기 위한 경우는 제외)

03 공동주택 층간소음의 범위와 기준에 관한 규칙

입주자 또는 사용자의 활동으로 인하여 발생하는 소음으로서 다른 입주자 또는 사용자에게 피해를 주는 다음 각 호의 소음으로 한다. 다만, 욕실, 화장실 및 다용도실 등에서 급수·배수로 인하여 발생하는 소음은 제외

(1) **직접충격 소음**: 뛰거나 걷는 동작 등으로 인하여 발생하는 소음

(2) **공기전달 소음**: 텔레비전, 음향기기 등의 사용으로 인하여 발생하는 소음

⊞ **층간소음의 기준**

층간소음의 구분		층간소음의 기준[단위 : dB(A)]	
		주 간 (06:00~22:00)	야 간 (22:00~06:00)
1. 제2조 제1호에 따른 직접충격 소음	1분간 등가소음도 (Leq)	39	34
	최고소음도 (Lmax)	57	52
2. 제2조 제2호에 따른 공기전달 소음	5분간 등가소음도 (Leq)	45	40

🔑 1. 직접충격 소음은 1분간 등가소음도(Leq) 및 최고소음도(Lmax)로 평가하고, 공기전달 소음은 5분간 등가소음도(Leq)로 평가한다.
2. 위 표의 기준에도 불구하고 「공동주택관리법」 제2조 제1항 제1호 가목에 따른 공동주택으로서 「건축법」 제11조에 따라 건축허가를 받은 공동주택과 2005년 6월 30일 이전에 「주택법」 제15조에 따라 사업승인을 받은 공동주택의 직접충격 소음 기준에 대해서는 2024년 12월 31일까지는 위 표 제1호에 따른 기준에 5dB(A)을 더한 값을 적용하고, 2025년 1월 1일부터는 2dB(A)을 더한 값을 적용한다.
3. 층간소음의 측정방법은 「환경분야 시험·검사 등에 관한 법률」 제6조 제1항 제2호에 따른 소음·진동 분야의 공정시험기준에 따른다.
4. 1분간 등가소음도(Leq) 및 5분간 등가소음도(Leq)는 비고 제3호에 따라 측정한 값 중 가장 높은 값으로 한다.
5. 최고소음도(Lmax)는 1시간에 3회 이상 초과할 경우 그 기준을 초과한 것으로 본다.

04 건축물의 설비기준 등에 관한 규칙

자연환기설비는 설치되는 실의 바닥부터 수직으로 1.2m 이상의 높이에 설치하여야 하며, 2개 이상의 자연환기설비를 상하로 설치하는 경우 1m 이상의 수직간격을 확보해야 한다.

제11조【공동주택 및 다중이용시설의 환기설비기준 등】 ① 영 제87조 제2항의 규정에 따라 신축 또는 리모델링하는 다음 각 호의 어느 하나에 해당하는 주택 또는 건축물(이하 "신축공동주택등"이라 한다)은 시간당 0.5회 이상의 환기가 이루어질 수 있도록 자연환기설비 또는 기계환기설비를 설치해야 한다.
1. 30세대 이상의 공동주택
2. 주택을 주택 외의 시설과 동일건축물로 건축하는 경우로서 주택이 30세대 이상인 건축

제11조의2【환기구의 안전 기준 관련】 환기구[건축물의 환기설비에 부속된 급기(給氣) 및 배기(排氣)를 위한 건축구조물의 개구부(開口部)를 말한다. 이하 같다]는 보행자 및 건축물 이용자의 안전이 확보되도록 바닥으로부터 2미터 이상의 높이에 설치해야 한다. 다만, 다음 각 호의 어느 하나에 해당하는 경우에는 예외로 한다. 〈이하 생략〉

제14조【배연설비 정리】 1. 규정에 따라 건축물이 방화구획으로 구획된 경우에는 그 구획마다 1개소 이상의 배연창을 설치. 배연창의 상변과 천장 또는 반자로부터 수직거리— 0.9m 이내. 다만, 반자높이가 바닥으로부터 3m 이상인 경우 – 배연창의 하변이 바닥으로부터 2.m 이상
2. 배연창의 유효면적은 별표 2의 산정기준에 의하여 산정된 면적이 1제곱미터 이상으로서 그 면적의 합계가 당해 건축물의 바닥면적의 100분의 1이상일 것.
   – 거실바닥면적의 20분의 1 이상으로 환기창을 설치한 거실의 면적은 – 산입 ✕
3. 배연구는 연기감지기 또는 열감지기에 의하여 자동으로 열 수 있는 구조로 하되, 손으로도 열고 닫을 수 있도록 할 것
4. 배연구는 예비전원에 의하여 열 수 있도록 할 것

제23조【건축물의 냉방설비 등 관련】 상업지역 및 주거지역에서 건축물에 설치하는 냉방시설 및 환기시설의 배기구와 배기장치의 설치 기준 – 배기구는 도로면으로부터 2미터 이상의 높이에 설치

신축공동주택 등의 자연환기설비 설치 기준(제11조 제3항 관련)

1. 세대에 설치되는 자연환기설비는 세대내의 모든 실에 바깥공기를 최대한 균일하게 공급할 수 있도록 설치되어야 한다.

2. 세대의 환기량 조절을 위하여 자연환기설비는 환기량을 조절할 수 있는 체계를 갖추어야 하고, 최대개방 상태에서의 환기량을 기준으로 별표 1의3에 따른 설치길이 이상으로 설치되어야 한다.

3. 자연환기설비는 순간적인 외부 바람 및 실내외 압력차의 증가로 인하여 발생할 수 있는 과도한 바깥공기의 유입 등 바깥공기의 변동에 의한 영향을 최소화할 수 있는 구조와 형태를 갖추어야 한다.

4. 자연환기설비의 각 부분의 재료는 충분한 내구성 및 강도를 유지하여 작동되는 동안 구조 및 성능에 변형이 없어야 하며, 표면결로 및 바깥공기의 직접적인 유입으로 인하여 발생할 수 있는 불쾌감(콜드드래프트 등)을 방지할 수 있는 재료와 구조를 갖추어야 한다.

5. 자연환기설비는 요건을 모두 갖춘 공기여과기를 갖춰야 한다.

7. 자연환기설비를 지속적으로 작동시키는 경우에도 대상 공간의 사용에 지장을 주지 아니하는 위치에 설치되어야 한다.

9. 자연환기설비는 가능한 외부의 오염물질이 유입되지 않는 위치에 설치되어야 하고, 화재 등 유사시 안전에 대비할 수 있는 구조와 성능이 확보되어야 한다.

10. 실내로 도입되는 바깥공기를 예열할 수 있는 기능을 갖는 자연환기설비는 최대한 에너지 절약적인 구조와 형태를 가져야 한다.

12. 자연환기설비는 설치되는 실의 바닥부터 수직으로 1.2m 이상의 높이에 설치하여야 하며, 2개 이상의 자연환기설비를 상하로 설치하는 경우 1m 이상의 수직간격을 확보하여야 한다.

05 피난용 승강기

(1) 고층건축물에는 법에 따라 건축물에 설치하는 승용승강기 중 1대 이상을 대통령령으로 정하는 바에 따라 피난용승강기로 설치하여야 한다.

(2) **피난용 승강기의 구조**

① 승강장의 바닥면적은 승강기 1대당 $6m^2$ 이상으로 할 것

② 각 층으로부터 피난층까지 이르는 승강로를 단일구조로 연결하여 설치할 것

③ 예비전원으로 작동하는 조명설비를 설치할 것

④ 승강장의 출입구 부근의 잘 보이는 곳에 해당 승강기가 피난용승강기임을 알리는 표지를 설치할 것

⑤ 승강장의 출입구를 제외한 부분은 해당 건축물의 다른 부분과 내화구조의 바닥 및 벽으로 구획할 것

⑥ 승강장은 각 층의 내부와 연결될 수 있도록 하되, 그 출입구에는 60분+ 방화문 또는 60분 방화문을 설치할 것. 이 경우 방화문은 언제나 닫힌 상태를 유지할 수 있는 구조이어야 한다.

⑦ 실내에 접하는 부분(바닥 및 반자 등 실내에 면한 모든 부분을 말한다)의 마감(마감을 위한 바탕을 포함한다)은 불연재료로 할 것

(3) 예비전원은 초고층 건축물의 경우에는 2시간 이상, 준초고층 건축물의 경우에는 1시간 이상 작동이 가능한 용량일 것, 상용전원과 예비전원의 공급을 자동 또는 수동으로 전환이 가능한 설비를 갖출 것

구조총론

01 건축구조의 분류

1. 구성양식에 따른 분류	2. 사용재료에 따른 분류	3. 시공과정에 따른 분류
(1) 가구식 구조 　① 각 부재의 짜임새·접합부 강도가 좌우 　② 횡력에 강함(가새로 보강)	(1) 나무구조 　① 구조 방법 간단 　② 부패가 쉽고, 내화력이 부족	(1) 건식구조 　① 물이나 흙을 사용하지 않음 　② 겨울에도 시공 가능 　③ 가구식·철골 구조가 속함 　④ 시공이 쉽다. 　⑤ 공사기간이 단축 　⑥ 구조재의 대량 생산
	(2) 철골구조 　① 공간이 넓은 건물에 적합 　② 내진적이고 강력 　③ 비내화적이지만 강력	
(2) 조적식 구조 　① 개체의 강도와 개체 사이의 밀착도(교착력)가 중요 　② 부동침하에 대한 저항성 약함 　③ 횡력(지진·태풍 등)에 약함	(3) 벽돌구조 　① 내화·내구적·방한·방서적 　② 횡력에 약함	(2) 습식구조 　① 물을 사용 　② 겨울철 공사가 곤란
	(4) 블록구조 　① 경량·내구·내화 　② 시공 간편, 고층건물에 부적합	
	(5) 돌구조 　① 방한·방서적, 내화·내구적임 　② 외관이 장중하나 고가 　③ 시공이 까다로움	
(3) 일체식 구조 　① 가장 강력한 구조 　② 내구·내화·내진적 　③ 자중이 크다.	(6) 철근콘크리트구조 　① 대규모 건축에 적합 　② 내진·내화·내구적임 　③ 설계·의장이 자유로움 　④ 중량이 무겁고 공사기간이 길다.	
	(7) 철골·철근콘크리트구조 　① 내구·내화·내진적 　② 대규모 건물에 적합 　③ 시공복잡	

4. 시공과정에 따른 분류

(1) **현장구조**: 건축자재를 현장에서 제작 · 가공하여 조립 · 설치하는 구조

(2) **조립식 구조**(프리캐스트 구조)

① 건축구조 부재를 공장에서 제작 · 가공하거나 부분 조립하여 현장에서 짜맞추는 구조로, 공장구조라고도 한다.

② 패널식 · 가구식(골조식) · 박스식(상자식) 등이 있다.

장 점	단 점
㉠ 계절에 관계없이 겨울철 공사도 가능하며 공기단축 및 대량생산이 가능 ㉡ 비계비용을 절감할 수 있고 철근과 콘크리트의 양 감소 ㉢ 아파트 · 사무소 · 공장 등의 획일적 건물에 유리	㉠ 소규모 공사는 경제적으로 불리하고 중량물이 많아 운반에 불편 ㉡ 접합부의 처리가 매우 중요(건식, 습식, 병용식접합: 볼트접합 · 용접 · 그라우팅 등) ㉢ 공장에서 적정한 모듈에 따라 생산되므로 변화가 있고 다양한 외형 추구가 어렵다. ⇨ 제품 치수의 치밀한 계획이 필요

5. 기타구조

골조구조 (라멘구조)	보와 기둥이 강접합된 장방형 격자로 이루어진 구조형식
벽식구조	보와 기둥이 없이 벽체와 바닥슬래브로 이루어진 구조
트러스구조	2개 이상의 직선부재의 양단을 마찰이 없는 힌지로 연결(핀 접합)해서 삼각형의 단위공간으로 만든 구조물
입체트러스 구조	트러스를 종횡으로 짜서 일체식으로 넓은 평판을 3차원으로 구성한 것이다.
아치구조	인장력을 발생시키지 않고 압축력만으로 외력에 저항할 수 있도록 유도한 곡선 형태의 구조
현수구조	기둥과 기둥사이를 강제 케이블로 연결한 다음, 지붕 또는 바닥판을 매단 구조로서 케이블에는 인장력이 작용한다.
절판구조	판을 주름지게 하여 하중에 대한 저항을 증가시키는 건축구조
쉘구조	조개껍질의 원리를 응용한 곡면판 구조로 얇은 두께로 넓은 경간의 지붕을 만들 수 있다.
막구조	텐트나 풍선과 같이 막이 갖는 인장력만으로 저항하는 구조형식

용어정의

1. 구조내력 : 구조부재 및 이와 접하는 부분 등이 견딜 수 있는 부재력

2. 캔틸레버(Cantilever) 보 : 한 쪽만 고정시키고 다른 쪽은 돌출시켜 하중을 지지하도록 한 구조

3. 기둥 : 높이가 단면 치수의 3배 이상인 수직부재로 주로 압축력에 저항

4. 벽 : 두께에 직각으로 측정한 수평치수가 그 두께의 3배를 넘는 수직부재

5. 이중골조구조 : 횡력의 25% 이상을 부담하는 연성모멘트골조가 전단벽이나 가새골조와 조합되어 있는 구조형식

   ① 연성모멘트골조방식 : 횡력에 대한 저항능력을 증가시키기 위하여 부재와 접합부의 연성을 증가시킨 모멘트골조방식

   ② 모멘트골조방식 : 수직하중과 횡력을 보와 기둥으로 구성된 라멘골조가 저항하는 구조방식

6. 전단벽구조 : 주로 공간이 일정한 면적으로 분할, 구획되는 고층아파트, 호텔 등에 적용되는 구조시스템으로 수평하중에 따른 전단력을 벽체가 지지하도록 구성된 구조시스템

   🎣 **전단벽** : 벽면에 평행한 횡력을 지지하도록 설계된 벽

7. 골조 – 전단벽구조 : 전단벽과 골조의 상호작용을 고려하여 강성에 비례하여 횡력을 저항하도록 설계되는 전단벽과 골조의 조합구조시스템

---

02 하중: 건축물에 미치는 물리적인 힘

1. 작용기간에 따른 분류

(1) **장기하중**: 고정하중, 활하중(적재하중)

(2) **단기하중**: 적설하중(눈이 많이 오는 지역 제외), 풍하중, 지진하중, 충격하중 등

1. 고정하중(固定荷重): 구조물이나 마감재의 중량 등과 같이 구조물의 수명기간 중 상시 작용하는 하중으로서 정하중(靜荷重, Dead Load)이라고도 부른다.

   예 기둥, 보, 슬래브, 지붕 벽체, 창호, 배관 등의 기타 고정된 시설물들의 중량으로 구성

   ① 조적조 칸막이벽은 고정하중으로 간주하여야 한다.
   ② 마감재의 자중은 고정하중에 포함한다.
   ③ 엘리베이터의 자중은 고정하중에 포함된다.

2. 활하중(Live Load)

   ① 적재하중은 활하중이라고도 하며, 건축물을 점유·사용함으로써 발생하는 하중이다.
   ② 활하중은 건물의 사용 및 점용에 의해서 발생되는 하중으로 사람, 가구, 이동칸막이, 창고의 저장물, 설비기계 등의 하중을 말한다.
   ③ 하중을 장기하중과 단기하중으로 구분할 경우 활하중은 장기하중에 포함된다.
   ④ 활하중은 등분포활하중과 집중활하중으로 분류할 수 있다. 건물의 용도에 따라 정해지며 보통 단위면적당 등분포하중으로 주어지며 예측 가능한 최대값을 사용한다.
   ⑤ 활하중은 신축 건축물 및 공작물의 구조계산과 기존 건축물의 안전성 검토시 적용된다.
   ⑥ 공동주택에서 공용실의 기본 등분포활하중은 주거용 건축물 거실의 활하중보다 큰 값을 사용한다.
   ⑦ 가동성 경량칸막이벽은 활하중에 포함된다.

용 도	건축물의 부분	활하중(kN/m^2)
주 택	주거용 건축물의 거실	2.0
	공동주택의 공용실	5.0
발코니	출입 바닥 활하중의 1.5배(최대 $5.0kN/m^2$)	

3. 설하중: 지붕면에 쌓인 눈의 중량

   ① 설하중은 특정지역의 기후적 상황과 구조물의 형상, 특히 지붕의 형상에 영향을 받는다.
   ② 설하중은 지붕 물매가 클수록 작다.
   ③ 설하중은 다설 지역에서는 장기하중으로 간주한다.

④ 지붕설하중의 기본값은 재현 기간 100년에 대한 수직 최심적설깊이를 기준으로 하여 추정하며 지역에 따라 다르다.

⑤ 최소 지상적설하중은 $0.5kN/m^2$로 한다.

4. 풍하중 : 건물의 외벽 또는 지붕에 미치는 바람의 압력

　① 풍하중은 건물의 모양, 지리적 위치, 구조물의 표면 상태, 건물 높이 등에 따라 다르다.

　② 풍하중은 바람을 받는 벽면의 면적이 클수록 크다.

　③ 풍하중은 설계풍압에 유효수압면적을 곱하여 산정한다.(구기준)

　④ 풍하중은 구조골조용, 지붕골조용, 외장 마감재용으로 분류된다.

　⑤ 설계속도압은 공기밀도에 비례하고 설계풍속의 제곱에 비례한다.

5. 지진하중

　① 지진하중은 건축물이 무거울수록 크다.

　② 지진하중은 지반종류의 영향을 받는다.

　③ 반응수정계수가 클수록 산정된 지진하중의 크기는 작아진다.

　④ 지진하중 계산을 위해 사용하는 밑면적단력은 구조물유효무게에 비례한다.

6. 기타하중 : 빗물하중, 수압, 토압, 초기변형도에 의한 하중

2. 작용방향에 따른 분류

(1) **수직하중** : 고정하중, 활하중, 적설하중

(2) **수평하중** : 풍하중, 지진하중 등

보충학습

➤ 응력과 응력도

구조체에 작용하는 외력을 하중이라 하며, 이에 대응하여 구조체의 내부에서 하중의 반대방향으로 발생하는 반력 즉, 저항력을 내력이라 하고, 이 내력을 그것이 작용하는 단면의 크기로 나눈 값을 응력, 이 응력의 크기를 응력도(應力度, Stress Level)라 한다.

02
Chapter

기초구조

01 지반

1. 특 성

구 분	투수성	마찰력	점착성	압밀침하	예민비	시 료
모 래	크다	크다	거의 없다	순간	작다	교란
점 토	작다	작다	있다	장기	크다	불교란

2. 지중응력분포

(1) 설계용 접지압은 일반적으로 균일한 것으로 가정한다.

(2) **경질 점토**: 주변에서 최대, 중앙에서 최소

　🔁 모래: 주변에서 최소, 중앙에서 최대

(3) **가정압**: 기초판 밑면의 접지압은 같은 모양을 갖는다고 가정한다.

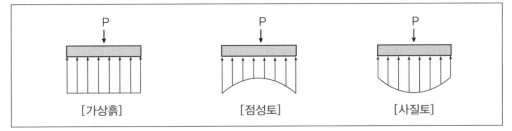

```
용어정의
1. 간극수압(Pore Water Pressure, 間隙水壓): 지중 토립자(地中 土粒子) 중의 상향
   수압으로 공극압 또는 공극수압(孔隙水壓)으로 웰포인트공법이나 샌드드레인공
   법과 관련 있다.
2. 샌드벌킹(Sand Bulking)
   ① 사질토지반의 모래에 물이 흡수되어 체적이 팽창하는 현상
   ② 물의 표면장력 때문에 발생하여 함수율 10% 정도에서 체적이 최대
```

3. 압밀 : 포화된 점토지반에서 외력에 의해 물이 오랜 시간 간극수가 빠져나감과 동시에 체적이 감소하는 현상
4. 액상화현상(Liquefaction, 液狀化現象) : 사질토지반이 진동 및 지진 등의 급속 하중에 의해 전단 저항력을 상실하고 마치 액체와 같이 거동하는 현상

02 지반조사

1. 지반조사 순서

① **사전조사** : 조사에 앞선 예비지식으로서 지반의 상황을 추정하기 위한 작업이다. 문헌조사, 현장답사, 기존 구조물의 조사 3가지를 실시한다.
② **예비조사** : 본 조사의 지점의 결정, 조사 방법의 결정, 장비 및 인원 등을 점검하며 건물의 배치계획, 지반 지지층과 기초구조의 형식을 대강 결정하기 위한 조사
③ **본조사** : 본조사의 결과를 기초로 하여 기초설계에 들어간다. 통상 본조사에서 행해지는 것을 크게 나누면 보링, 표준관입시험, 토질시험, 재하시험 등이 있다.
④ **추가조사** : 재조사와 보충조사가 있다.

2. 지반조사 방법

모래 지반	N값	점토 지반	N값
밀실한 모래	30~50	매우 단단한 점토	30~50
중간 정도 모래	10~30	단단한 점토	15~30
느슨한 모래	5~10	비교적 경질 점토	8~15
아주 느슨한 모래	5 미만	중정도 점토	4~8
–	–	무른 점토	2~4
–	–	아주 무른 점토	0~2

(1) 물리적 지하탐사	넓은 지역의 개략적 조사 방법 ① 탄성파식 지하탐사 ② 전기저항식 지하탐사
(2) 얕은 층 조사	① 시험 파기 ② 짚어보기

(3) 깊은 층 조사		보링 : 땅 속으로 구멍을 뚫어 관찰하는 방법 ① 수세식 보링 : 연질층에 적당 ② 충격식 보링 : 굳은 지층 ③ 회전식 보링 : 가장 정확, 연질층~굳은층까지 조사 가능
(4) 사운딩	표준관입시험	지반의 역학적 성질 측정 ① 63.5kg의 추, 76cm 높이, 30cm 관입하는 횟수 N값 ② 모래지반의 밀도 측정에 적당
	베인 테스트	연질 점토층의 점착력(전단강도) 측정

용어정의
1. 사운딩(Sounding) : 로드의 선단에 설치된 저항체를 지중(地中)에 넣고 관입, 회전, 인발 등을 통해 토층의 성상을 탐사하는 시험
2. 원위치시험 : 일반적으로 지반을 구성하는 흙의 성질을 알기 위해 현장에서 하는 시험의 총칭

03 지내력 : 지반이 지상 건축물의 하중에 대해 견디는 힘

1. 허용지내력 순서

(1) 경암반 ⇨ 연암반 ⇨ 자갈층 ⇨ 자갈 + 모래 ⇨ 모래 섞인 점토, 롬토 ⇨ 모래 또는 점토

(2) 경암반 ⇨ 연암반 ⇨ 밀실한 자갈층 ⇨ 자갈 + 모래 ⇨ 굳은 모래 ⇨ 밀실한 롬 ⇨ 단단한 점토

> 화성암 ⇨ 수성암 ⇨ 자갈 ⇨ 자갈과 모래의 혼합물 ⇨ 모래 섞인 점토 ⇨ 모래
> ⓨ 화성암은 마그마가 식어서 형성된 암석으로 생성시의 깊이에 따라서 화산암과 심성암으로 분류된다.
> ⓨ 풍화암은 암질이 부식되고 균열이 1~10cm 정도로써 굴착 또는 절취에는 약간의 화약을 사용해야 할 암질로써 일부는 곡괭이를 사용할 수 있는 암질이다.

2. 지내력 시험

(1) **평판재하 시험** : 구조물의 예정 기초 저면, 즉 설계상 재하판·시험말뚝 또는 기초 구조물 등에 하중을 걸어서 기초지반의 지지력(지내력), 기초 구조물의 안전성 등을 판정할 경우에 행하는 시험이다.

    ① **재하판** : 두께 25mm 이상, 지름 300mm, 400mm, 750mm인 강재 원판을 표준으로 하고 등가면적의 정사각형 철판으로 해도 된다.

    ② **허용지지력** : 항복하중의 1/2 또는 극한지지력의 1/3 중 작은 값으로 한다.

(2) **간접지내력 시험**(말뚝 시험) : 말뚝의 지지력과 길이

    ① 시험용 말뚝은 실제 사용할 말뚝과 동등한 조건으로 한다.

    ② 시험용 말뚝은 3개 이상 사용한다.

    ③ 시험용 말뚝은 수직으로 세워 연속적으로 박되, 휴식시간을 두지 않아야 한다.

    ④ 소정의 침하량에 도달하면 그 이상 무리하게 박지 않는다.

    ⑤ 최종 관입량은 5~10회 타격한 평균값으로 한다.

    ⑥ 5회 타격 총관입량이 6mm 이하일 때를 거부현상으로 판단한다.

설계기준 용어

1. 극한지지력 : 흙에서 전단파괴가 발생되는 기초의 단위면적당 하중(단위 : kN/m^2)
2. 허용하중 : 극한지지력, 부마찰력, 말뚝간격, 기초 하부 지반의 전반적인 지지력 및 허용침하를 고려한 후 기초에 안전하게 적용할 수 있는 최대하중
3. 허용지지력 : 침하 또는 부등침하와 같은 허용한도 내에서 지반의 극한지지력을 적정의 안전율로 나눈 값(단위 : kN/m^2)

---

04 기 초

1. 동결선(동결심도)
   ① 지반의 어는 깊이
   ② 지방에 따라 다르다(북부지방 120cm, 중부지방 90cm, 남부지방 60cm).
   ③ 지반에 따라 다르다.
   ④ 기초저면이 동결선 아래 위치한다.
   ⑤ 지하수위 변동과 관계가 없다.
2. 기초: 기초판 + 지정(밑창콘크리트지정 이하)

(1) 독립기초

단일 기둥을 받치는 구조, 지중보(연결보)로 기초 강성 증가

(2) 복합기초

2개 또는 그 이상의 기둥을 1개의 기초판에 배치한 기초
  ⮑ **캔틸레버 기초**: 2개의 독립기초를 연결한 기초

(3) 연속기초

벽식 구조, 조적조에 적당하다.

(4) 온통기초(매트기초)

① 연약지반에 적당하고, 부동침하에 강하다.
② 뜬기초는 온통기초의 일종이다.
③ 벽식 구조로 된 고층 공동주택에 많이 사용한다.

참 고
1. 기초판 형식에 의한 분류
   ① 독립기초   ② 복합기초
   ③ 연속(줄)기초   ④ 온통기초
2. 지정 형식에 의한 분류
   ① 직접기초   ② 말뚝기초
   ③ 피어기초   ④ 잠함기초

3. 얕은기초와 깊은기초
   ① 얕은기초 : 기초 폭에 비하여 근입 깊이가 얕고 상부구조물의 하중을 분산시켜 기초하부 지반에 직접 전달하는 기초형식
   ② 깊은기초 : 기초의 지반 근입 깊이가 깊고 상부구조물의 하중을 말뚝 등에 의해 깊은 지지층으로 전달하는 기초형식

기초 설치할 때의 유의사항
1. 기초는 상부구조의 하중을 충분히 지반에 전달할 수 있는 구조로 한다.
2. 독립기초를 지중보로 서로 연결하면 건물의 부등침하 방지에 효과적이다.
3. 기초는 그 지역의 동결선(凍結線) 이하에 설치해야 한다.
4. 동일 건물의 기초에서는 이종형식의 기초는 병용하지 않도록 한다.
5. 땅 속의 경사가 심한 굳은 지반에 올려놓은 기초는 슬라이딩의 위험성이 있다.

---

05 지정 : 기초를 보강하거나 지반의 내력을 보강하기 위한 것

1. 보통지정

(1) 잡석지정

① 기초 바닥판의 배수·방습을 목적으로 설치한다.

② 세워서 깔고 가장자리에서 중앙부로 다져간다.

③ 잡석 지정공사에서 잡석은 한 켜로 세워서 큰 틈이 없게 깔고 잡석 틈새에는 사춤자갈을 채워 다진다.

(2) 밑창콘크리트지정

① 기초 저면부의 먹매김 또는 잡석 등의 유동방지를 목적으로 사용

② 밑창 콘크리트의 품질은 설계도서에 따른다. 설계도서에서 별도로 정한 바가 없는 경우는 설계기준강도 15MPa 이상의 것을 사용해야 한다.

2. 말뚝지정

(1) 기능상 분류

① **지지말뚝** : 견고한 지반에 지지(선단지지력)

② **마찰말뚝**

    ㉠ 연약한 지층이 깊을 때(주면 마찰력)

    ㉡ 지반의 연질층이 매우 두꺼운 경우 말뚝을 박아 말뚝 표면과 주위 흙과의 마찰력으로 하중을 지지하는 말뚝을 마찰말뚝이라 한다.

③ **무리말뚝**: 사질지반에 적당

(2) 말뚝 간격

① 무리말뚝의 지지력은 개별 말뚝의 지지력의 합보다 작다.

② 적당한 말뚝 간격은 2.5D 이상(나무말뚝, 기성콘크리트말뚝)

(3) 재료상 분류

① **나무말뚝**: 소나무, 낙엽송 등 곧은 생목을 껍질을 벗겨 사용하며, 지하수면 이하에 박아야 부패가 적다.

② **기성콘크리트말뚝**

    ㉠ 중량 건물, 지하수위의 변화가 예상되는 지역이나 큰 지지력이 요구되는 곳에서 사용한다.

    ㉡ 기성콘크리트말뚝의 설치방법은 타격공법, 진동공법, 압입공법 등이 있다.

③ **제자리 콘크리트말뚝**: 연약한 점토층이 깊을 때

④ **강재말뚝**: 연약층이 깊을 때, 중량 건물

06 기초파기

1. 기초파기공법

(1) 전면파기	① 오픈 컷 공법	㉠ 경사면 오픈 컷: 경사각은 휴식각의 2배 정도 ㉡ 흙막이 오픈 컷
(2) 부분파기	② 아일랜드 컷 공법	중앙부를 먼저 판 후 중앙부에 지하 구조물을 축조한 다음 주변부 흙을 파내어 나머지 지하 구조물을 완성하는 공법이다.
	③ 트랜치 컷 공법	아일랜드공법과는 반대로 도랑을 파듯이 주변을 먼저 파고 주변부 지하 구조체를 축조한 후 중앙부를 나중에 완성하는 공법이다.
(3) 톱다운공법		1층 바닥판 설치 후 지하공사를 전천후로 시공할 수 있고, 상부구조물 공사를 병행하여 전체 공기단축이 가능하므로, 기존구조물이 밀집된 도심지공사에서의 적용이 증가하고 있다.
(4) 언더피닝공법		기존 건축물 가까이에서 신축공사를 하고자 할 때, 기존 건물의 지반과 기초를 보강하거나 새로운 기초를 삽입하는 공법이다.
(5) RCD공법 (Reverse Circulation Drill)		대구경 말뚝공법의 일종으로 깊은 심도까지 시공할 수 있다.
(6) 슬러리 월(Slurry Wall)		터파기 공사의 흙막이벽으로 사용함과 동시에 구조벽체로 활용할 수 있다.

2. 흙막이시 주의사항

종류	발생 지반 및 원인	대책
(1) 히빙현상	연약 점토지반	흙막이 바깥흙이 널말뚝의 하부를 통하여 불룩하게 솟는 현상
(2) 보일링현상	투수성이 좋은 사질지반	흙막이 저면이 투수성이 좋은 사질지반이고, 지하수가 지반의 가까운 곳에 있을 경우, 사질지반이 부력을 받아 감당하지 못하여 지하수의 모래가 함께 솟아오르는 현상
(3) 파이핑현상	널말뚝의 틈새발생	부실 흙막이벽의 뚫린 구멍 또는 이음새를 통하여 물과 토사가 공사장 내부 바닥으로 흘러들어오는 현상

07 부동침하

(1) 원인	① 지반이 연약한 경우 ② 경사지반인 경우 ③ 건물이 이질지층에 걸려 있을 때 ④ 건물이 낭떠러지에 걸쳐 있을 때 ⑤ 일부 증축을 했을 때 ⑥ 지하수위가 변경된 경우 ⑦ 지하에 매설물이나 구멍이 있을 때 ⑧ 메운 땅에 건물을 지은 경우 ⑨ 이질지정을 하였을 경우 ⑩ 일부지정만 하였을 경우		
(2) 피해현상	① 구조체의 균열 ② 구조체의 기울어짐 ③ 구조체의 누수 ④ 마감재의 변형		
(3) 부동침하에 대한 대책	① 지반에 대한 대책	㉠ 치환법	연약한 지반의 흙을 양호한 토양으로 전체를 바꾸어 지반개량
		㉡ 탈수법	ⓐ 사질지반 : 웰포인트공법 ⓑ 연약한 점토지반 : 샌드 드레인공법, 페이퍼 드레인공법, 생석회공법
		㉢ 지반다짐 공법	모래지반 : 진동다짐(Vibroflotation공법)
		㉣ 주입공법	시멘트물 주입법(그라우팅공법)
	② 기초 구조에 대한 대책	㉠ 기초를 굳은 지반에 지지시킨다. ㉡ 마찰 말뚝을 사용한다. ㉢ 지하실을 설치한다(뜬기초, 온통기초). ㉣ 기초 상호간을 연결한(지중보, 연결보).	
	③ 상부 구조에 대한 대책	㉠ 건물의 중량 및 하중을 분배 ㉡ 일체식 구조(보의 강성을 크게, 연결보의 춤을 크게 한다) ㉢ 건물의 평면길이를 가능한 한 짧게 한다. ㉣ 이웃 건물과의 거리를 되도록 멀리 한다. ㉤ 건물을 경량화한다.	

03 철근콘크리트

01 개 요

1. 콘크리트의 특징

콘크리트는 내구력이 있고 압축력에 비교적 강한 재료지만, 인장력에 약하므로 강도 면에서 이와 반대의 성질을 가진 철근을 보강하면 각기의 특성을 발휘하여 각종 하중에 견딜 수 있는 구조재가 된다. 인장력에 취약한 콘크리트를 인성 재료인 철근으로 보강한 구조 재료를 철근콘크리트라 하며, 이것으로 건축물의 중요부를 구성한 구조를 철근콘크리트구조(Reinforced Concrete Construction)라 하며 약칭으로 RC조라 한다.

2. 콘크리트의 성질

① 철근과 콘크리트의 선팽창률이 비슷하다.
② 철근과 콘크리트는 부착강도가 우수하다.
③ 콘크리트가 압축력에 강하고 취약한 인장력을 철근이 보강한다.
④ 콘크리트의 피복이 철근의 내식성(콘크리트의 알칼리성)과 내화성을 갖도록 한다.

02 철근공사

1. 철근 규격과 종류

> 철근의 표시
> ① SR : 원형철근(Steel Round Bar)
> ② SD : 이형철근(Steel Deformed Bar)
> ③ SD400 : 400은 항복강도가 $400N/mm^2$($4,000kg/cm^2$) 이상이다[국제단위계 N/mm^2는 MPa과 같다].
> ④ 4-HD22 : HD22 4개
> ⑤ HD10@300 : HD10의 배근 간격은 300mm이다.

봉강의 단면 색 표시			
봉강 종류	양단면 색깔	봉강 종류	양단면 색깔
SR240	청색	SD400	황색
SR300	녹색	SD500	흑색
SD300	녹색	SD400W	백색
SD350	적색	SD500W	분홍색

2. 철근가공

① 철근은 상온에서 가공하는 것을 원칙으로 한다.

② 철근 및 용접망의 가공은 담당원의 특별한 지시가 없는 한 가열가공은 금하고 상온에서 냉간가공한다.

3. 표준갈고리(Hook)

① **주철근의 표준갈고리** : 180° 표준갈고리와 90° 표준갈고리로 분류

② **스터럽(늑근)과 띠철근의 표준갈고리** : 90° 표준갈고리와 135° 표준갈고리

4. 철근과 콘크리트의 부착력

① 철근콘크리트의 압축강도에 비례한다.

② 철근의 주장(둘레길이)에 비례한다.

③ 이형철근을 사용한다.

④ 철근 단면적이 같으면 굵은 것을 적게 쓰는 것보다 가는 것을 많이 쓴다.

⑤ 철근의 정착길이를 증가시키면 부착력은 증가하지만 정착길이에 부착력이 반드시 비례하는 것은 아니다.

⑥ 말단에 갈고리(이형철근은 원칙적으로 생략할 수 있지만 기둥 · 보의 정착철근이나 굴뚝근, 띠철근, 기타 설계자가 필요로 하는 곳에 설치한다)

⑦ 약간 녹슨은 철근이 부착력이 좋다.

5. 철근의 이음

(1) 인장력이 큰 곳은 회피한다.

① 한 곳에서 반 수 이상 잇지 않는다.

② 보의 주근은 중앙부에서는 상부, 단부에서는 하부, 굽힌 철근은 굽힌 부분에서 잇는다.

③ 기둥은 바닥면에서 500mm 이상 기둥높이의 3/4 이하 지점에서 잇는다.

(2) **겸침이음** : D35를 초과하는 철근은 겹침이음을 할 수 없다.

① 지름이 다를 경우(⇨ 다음 (4)번의 건축공사 표준시방서)

② 이음길이는 갈고리 중심에서 중심에 이르는 거리이다.

(3) **용접이음** : 겹침용접이음, 맞댄용접이음, 덧댄용접이음 등

(4) **물림철물에 의한 이음** : 슬리브이음 등

건축공사표준시방서

1. D35를 초과하는 철근은 겹침이음을 할 수 없다. 다만, 서로 다른 크기의 철근을 압축부에서 겹침이음하는 경우 D35 이하의 철근과 D35를 초과하는 철근은 겹침이음을 할 수 있다.

2. 서로 다른 크기의 철근을 인장 겹침이음하는 경우에는 이음길이는 크기가 큰 철근의 정착길이와 크기가 작은 철근의 겹침이음길이 중 큰 값 이상이어야 한다.

3. 용접철망의 이음은 서로 엇갈리게 하여 일직선상에서 모두 이어지지 않도록 하며, 이음은 최소 한 칸 이상 겹치도록 하고 겹쳐지는 부분은 결속선으로 묶어야 한다.

4. 철근이음 검사 판정기준
   ① 겹침이음 : 철근배근도와 일치할 것
   ② 가스압접이음, 기계적이음, 용접이음 인장시험 : 설계기준 항복강도의 125%

---

6. 철근의 정착

(1) 정착의 종류

① **인장정착** : 철근이 인장응력을 받는 경우

   ㉠ 압축정착 : 압축응력을 받는 경우

   ㉡ 정착되는 철근 끝단의 형태에 따라 <u>직선 정착, 표준갈고리 정착, 기계적 정착</u> 등으로 분류된다.

② 압축정착의 경우 표준갈고리 정착은 유효하지 않으므로 이 형태로 정착하지 않는다.

(2) **정착위치**(갈고리는 인장철근의 정착시에 효과 ○, 압축철근 ×)

① 기둥의 주근은 기초에

② 보의 주근은 기둥에, 작은보는 큰보에

③ 직교하는 단부보의 밑에 기둥이 없을 때는 상호 간에 정착한다.

④ 지중보의 주근은 기초 또는 기둥에

⑤ 벽철근은 기둥, 보 또는 슬래브에

⑥ 슬래브 철근은 보 또는 벽체에 정착한다.

7. 철근의 간격

① **목적**: 콘크리트의 유동성 확보와 재료의 분리 방지

② **순간격**: 배근된 철근의 표면과 표면의 최단거리

③ 수평철근의 순간격은 25mm 이상, 철근 공칭지름, 굵은골재 크기의 4/3배 중에서 가장 큰 값 이상이어야 한다.

④ 기둥의 주철근의 최소간격은 40mm, 철근 공칭지름의 1.5배, 굵은골재 크기의 4/3 중 가장 큰 값 이상

철근의 간격	보	수평 순간격	25mm 이상, 철근의 공칭지름, 굵은골재 크기의 4/3배 이상
		2단 이상 배치	상하 철근의 순간격은 25mm 이상
	기둥	종방향 철근 순간격	40mm 이상, 철근 공칭지름 1.5배, 굵은골재 크기의 4/3배 이상
		띠철근 순간격	① 축방향 철근지름의 16배 이하 ② 띠철근지름의 48배 이하 ③ 기둥단면의 최소 치수 이하
		나선철근 순간격	25mm 이상, 75mm 이하
	슬래브나 벽체의 휨 철근		① 슬래브 두께의 3배 이하 ② 450mm 이하

8. 철근의 피복

(1) **목적**: 콘크리트의 내화성, 내구성, 부착력, 콘크리트치기의 유동성 확보

(2) **철근의 피복두께**: 콘크리트 표면~최외각철근 표면(보: 늑근, 기둥: 띠철근, 나선
철근)

🔸 콘크리트 구조설계기준에 따른 피복두께

종 류			피복 두께
수중에서 타설하는 콘크리트			100mm
흙에 접하여 콘크리트를 친 후 영구히 흙에 묻혀 있는 콘크리트			75mm
흙에 접하거나 옥외의 공기에 직접 노출되는 콘크리트	D19 이상 철근		50mm
	D16 이하 철근		40mm
옥외의 공기나 흙에 직접 접하지 않는 콘크리트	슬라브, 벽체, 장선	D35 초과 철근	40mm
		D35 이하 철근	20mm
	보, 기둥 보, 기둥의 경우 fck≥ 40MPa일 때 피복두께를 10mm 저감시킬 수 있다.		40mm
	쉘, 철판부재		20mm

(3) **피복두께 결정요인**

① 부식위험(물 속>흙 속>흙에 접하거나 옥외공기노출>옥내)

② 경량콘크리트(+10mm)>일반콘크리트

③ 보, 기둥>슬라브, 벽체

④ 보, 기둥의 경우 fck≥40MPa일 때 10mm 저감 가능

⑤ 내화도

④ 피복두께 20mm의 경우에는 1시간 내화도

03 거푸집공사

거푸집 및 동바리는 구조물의 종류, 규모, 중요도, 시공조건 및 환경조건 등을 고려하여 연직하중, 수평하중 및 콘크리트의 측압 등에 대해 설계해야 하며, 동바리의 설계는 강도뿐만이 아니라 변형에 대해서도 고려한다.

1. 존치기간

기초, 보 옆, 기둥 및 벽의 거푸집판재 존치기간은 콘크리트의 압축강도 5N/mm^2 (50kgf/cm^2) 이상에 도달한 것이 확인될 때까지로 한다.

다만, 거푸집널 존치기간 중의 평균기온이 $10°C$ 이상인 경우는 콘크리트의 재령이 다음 표에 나타난 일수 이상 경과하면 압축강도 시험을 하지 않고도 해체할 수 있다.

부 재		콘크리트 압축강도
확대기초, 보, 기둥 등의 측면		5MPa 이상
슬래브 및 보의 밑면, 아치 내면	단층구조인 경우	① 설계기준압축강도의 2/3배 이상 ② 최소 14MPa 이상
	다층구조인 경우	설계기준압축강도 이상(필러 동바리 구조를 이용할 경우는 구조계산에 의해 기간을 단축할 수 있음. 단, 이 경우라도 최소강도는 14MPa 이상으로 함)

2. 거푸집 및 동바리의 해체(건축공사표준시방서)

① 거푸집 및 동바리는 콘크리트가 자중 및 시공 중에 가해지는 하중을 지지할 수 있는 강도를 가질 때까지 해체할 수 없다.

② 기초, 보의 측면, 기둥, 벽의 거푸집널의 해체는 시험에 의해 표 3.3-1의 값을 만족할 때 시행한다. 특히, 내구성이 중요한 구조물에서는 콘크리트의 압축강도가 10MPa 이상일 때 거푸집널을 해체할 수 있다. 거푸집널 존치기간 중 평균기온이 $10°C$ 이상인 경우는 콘크리트 재령이 표 3.3-2의 재령 이상 경과하면 압축강도시험을 하지 않고도 해체할 수 있다.

③ 슬래브 및 보의 밑면, 아치 내면의 거푸집은 콘크리트의 압축강도가 표 3.3-1을 만족할 때 해체할 수 있다.

④ 보, 슬래브 및 아치 하부의 거푸집널은 원칙적으로 동바리를 해체한 후에 해체한다. 그러나 구조계산으로 안전성이 확보된 양의 동바리를 현 상태대로 유지하도록 설계, 시공된 경우 콘크리트를 10℃ 이상 온도에서 4일 이상 양생한 후 사전에 책임기술자의 승인을 받아 해체할 수 있다.

⊞ **콘크리트의 압축강도를 시험하지 않을 경우 거푸집널의 해체시기**(기초, 보, 기둥 및 벽의 측면)

시멘트의 종류 평균 기온	조강포틀랜드 시멘트	보통포틀랜드 시멘트 고로슬래그 시멘트(1종) 플라이애쉬 시멘트(1종) 포틀랜드 포졸란 시멘트(1종)	고로슬래그 시멘트(2종) 플라이애쉬 시멘트(2종) 포틀랜드 포졸란 시멘트(2종)
20℃ 이상	2일	4일	5일
20℃ 미만 10℃ 이상	3일	6일	8일

3. 거푸집의 부속품

① **동바리**(지주) : 서포트

② **긴장재**(긴결재, Form Tie) : 거푸집이 벌어지는 것을 방지

③ **격리재**(Separator) : 거푸집 상호 간의 간격 유지

④ **간격재**(Spacer) : 철근과 거푸집 간격 유지

⑤ **박리재**(Form Oil) : 거푸집 제거시 콘크리트에서 거푸집을 떼기 쉽게 바르는 물질

4. 특수거푸집의 종류

① **미끄럼거푸집**(슬립 폼, 슬라이딩 폼, 클라이밍 폼) : 사일로, 전단벽건물, 굴뚝 등과 같이 수직적으로 연속된 구조물 등에 사용

② **터널 폼** : 아파트, 병원의 병실, 호텔의 객실 등과 같은 동일한 형태의 유니트(Unit)가 반복되는 내력벽 구조형식에 적용하기 적합한 강재 거푸집 공법

③ **갱 폼** : 벽체전용거푸집으로 대형패널거푸집이라 하며 고층아파트, 콘도미니엄, 병원, 사무소 건물 및 벽식 구조물에 적당

04 콘크리트

1. 콘크리트의 재료

(1) 시멘트   분말도

① **조강포틀랜드 시멘트**: 겨울철 공사용   大

② **보통포틀랜드 시멘트**: 일반용   ⇩

③ **중용열포틀랜드 시멘트**: 댐공사 등에 사용   小

> 1. 시멘트 수화열: 응결, 경화를 촉진하나 건조·수축도 생긴다.
> 2. 분말도가 크면(입도가 작으면)
>   ① 시공연도 좋고 수밀한 콘크리트가 가능하다.
>   ② 표면적이 크다.
>   ③ 수화작용이 빠르다.
>   ④ 발열량이 커지고, 초기 강도가 크다.
>   ⑤ 균열발생이 크고 풍화가 쉽다.
>   ⑥ 장기 강도는 저하된다.

(2) 물

① 청정한 수돗물이나 우물물을 사용한다.

② 해수(海水)는 철근을 부식한다.

③ 콘크리트 배합시 단위수량은 작업이 가능한 범위 내에서 될 수 있는 한 적게 되도록 시험을 통해 정하여야 한다.

(3) 골 재

① **잔골재**: 5mm 체에 전부(대부분) 통과한 것

② **굵은골재**: 5mm 체에 전부(대부분) 잔류한 것

③ **골재의 조건**

　㉠ 보통 콘크리트에 사용되는 골재의 강도는 시멘트 페이스트 강도 이상이어야 한다.

　㉡ 유해물이 섞이지 않아야 한다.

　㉢ 표면이 거칠고 구형에 가까운 것이 좋다.

　㉣ 청정, 경건해야 한다.

　㉤ 연속 입도 분포로 실적률이 커야 한다.

🔁 **기출지문**

1. 콘크리트 배합시 골재의 함수 상태는 표면건조 내부 포수상태 또는 그것에 가까운 상태로 사용하는 것이 바람직하다.
2. 동결융해작용을 받지 않는 콘크리트 구조물에 사용되는 잔골재는 내구성(안정성)시험을 하지 않을 수 있다.

실적률 ⇧(공극률이 작을 때 ⇩)

1. 시멘트풀(Cement Paste)량이 감소시킨다.
2. 단위수량을 감소시킨다.
3. 수화발열량 감소시킨다.
4. 건조수축을 감소시킨다.
5. 콘크리트의 수밀성이 커진다.
6. 콘크리트의 내구성 및 강도가 증가한다.

---

(4) **혼화재료**: 시멘트, 골재, 물 이외의 재료로서 콘크리트 등에 특별한 성질을 주기 위해 타설하기 전에 필요에 따라 더 넣는 재료를 말한다.

혼화재(混和材, Mineral Admixture)	• 그 사용량이 비교적 많아서 그 자체의 부피가 콘크리트 등의 비비기 용적에 계산되는 것 • 혼화재 중에서 플라이애쉬, 고로슬래그 미분말, 실리카퓸 등은 시멘트와 더불어 결합재(Cementitious Material)라고 분류하기도 한다.
혼화제(混和劑, Chemical Admixture)	• 그 사용량이 비교적 적어서 그 자체의 부피가 콘크리트의 배합의 계산에 무시되는 것 • AE제, 감수제 및 AE감수제 등의 주로 화학제품으로서 콘크리트의 여러 성능 향상을 위하여 사용되는 재료
콘크리트 배합	• 콘크리트 배합을 나타내는 방법도 다양하나 크게 질량배합과 용접배합으로 나눠진다. • 질량배합: 단위 체적 $1m^3$의 콘크리트를 만들기 위해 요구되는 각 구성 요소들의 질량이 얼마인지를 나타내는 것 • 단위시멘트량, 단위수량, 단위잔골재량, 단위굵은골재량 그리고 공기량 등으로 나타내고 있다.

① **계면(표면)활성제**: 분산작용(물 사용량 감소) 및 공기연행작용[기포의 발생(볼베어링효과로 슬럼프값 증가, 완충작용으로 내동해성 증가)] AE제, 분산제
🔁 AE제는 완충작용에 의해 동결융해에 대한 저항성을 증가시킨다.

② **성질개량 및 증량재**: 워커빌리티·수밀성 개선, 동결융해에 대한 저항성 증가
🔁 포졸란, 플라이애쉬, 고로슬래그(고로슬래그는 건조수축이 커서 충분히 양생)

③ **응결·경화촉진제**: 염화칼슘(철근 부식)

④ **방동제**: 염화칼슘, 염화나트륨(철근 부식)

2. 콘크리트의 배합

(1) 배합설계 순서

① 설계강도(소요강도) 결정

② 배합강도의 결정

③ 시멘트 강도 결정

④ 물·시멘트비 결정

⑤ 슬럼프값 결정

배합설계 일반(건축공사표준시방서)

1. 콘크리트 강도의 관리재령은 시공방법과 시공기간을 고려하여 91일 이내의 재령에서 결정하여 사용한다.
2. 구조체의 품질에 악영향을 미치지 않는 범위 내에서 물 − 결합재비는 가능한 작게 설계한다.
3. 단위수량은 소정의 워커빌리티를 얻을 수 있는 범위 내에서 작은 값을 사용하도록 설계한다.
4. 콘크리트의 배합에 사용되는 단위시멘트량은 소요 품질을 확보할 수 있는 범위 내에서 작은 값을 선택하도록 하며, 시멘트의 일부를 혼화재료로 치환할 수 있는 방법을 검토한다.

---

(2) 물·결합재(시멘트)비(W/C) : 물의 중량과 시멘트의 중량에 대한 비율로 강도와 밀접한 관련이 있다.

물·시멘트비 ⇑ − 콘크리트 강도 ⇓

(건조속도 ⇑)

물·시멘트비 증가	• 강도 저하 • 건조수축률 증가 • 수밀성 감소 • 내구성 감소 • 중성화 빨라짐 • 재료분리로 콘크리트의 품질 저하
물·시멘트비 감소	• 시공연도가 낮아짐 • 평활성이 떨어짐

건축공사표준시방서(KCS 14 20 10 : 2022)

1.9 콘크리트의 내구성 및 강도

1.9.2 강도

(1) 콘크리트의 강도 - 표준양생을 실시한 콘크리트 공시체의 재령 28일 시험값 기준

(2) 콘크리트 구조물의 설계에서 사용하는 콘크리트의 강도 - 콘크리트 구조물은 주로 콘크리트의 압축강도를 기준

1.9.3 내구성

(1) 콘크리트는 구조물의 사용기간 중에 받는 여러 가지의 화학적, 물리적 작용에 대하여 충분한 내구성을 가져야 한다.

(2) 콘크리트에 사용하는 재료는 콘크리트의 소요 내구성을 손상시키지 않는 것이어야 한다.

(3) 콘크리트는 그 내부에 배치되는 강재가 사용기간 중 소정의 기능을 발휘할 수 있도록 강재를 보호하는 성능을 가져야 한다.

(4) 콘크리트의 물 - 결합재비는 원칙적으로 60% 이하로 하며, 단위수량은 185kg/m^3 을 초과하지 않도록 하여야 한다.

(5) 콘크리트는 원칙적으로 공기연행콘크리트로 하여야 한다.

(6) 콘크리트는 침하균열, 소성수축균열, 건조수축균열, 자기수축균열 혹은 온도균열에 의한 균열폭이 허용균열폭 이내여야 한다.

2.2 배합

2.2.1 일반사항

콘크리트의 배합은 소요의 강도, 내구성, 수밀성, 균열저항성, 철근 또는 강재를 보호하는 성능을 갖도록 정하여야 한다.

2.2.2 배합강도

구조물에 사용된 콘크리트 압축강도가 소요의 강도를 갖기 위해서는 콘크리트 배합설계시 배합강도(f_{cr})를 정하여야 한다.

2.2.3 물 - 결합재비

물 - 결합재비는 소요의 강도, 내구성, 수밀성 및 균열저항성 등을 고려하여 정하여야 한다.

2.2.4 단위수량

단위수량은 작업이 가능한 범위 내에서 될 수 있는 한 적게 되도록 시험을 통해 정하여야 한다.

⊞ 굳지 않은 콘크리트의 성질

워커빌리티 (Workability, 시공연도, 작업성)	재료분리를 일으키는 일 없이 운반, 타설, 다지기, 마무리 등의 작업이 용이하게 될 수 있는 정도를 나타내는 굳지 않은 콘크리트의 성질, 시공의 난이 정도를 말한다.
반죽질기 (Consistency)	주로 수량(水量)의 다소에 의해 좌우되는 굳지 않은 콘크리트의 변형 또는 유동에 대한 저항성으로 슬럼프값으로 표시한다.
성형성 (Plasticity)	거푸집에 쉽게 다져 넣을 수 있고, 거푸집을 제거하면 천천히 형상이 변하기는 하지만 허물어지거나 재료가 분리되지 않는 굳지 않은 콘크리트의 성질
피니셔빌리티 (Finishability)	굵은골재의 최대치수, 잔골재율, 잔골재의 입도, 반죽질기 등에 따르는 마무리하기 쉬운 정도를 나타내는 굳지 않은 콘크리트의 성질
펌퍼빌리티 (Pumpability)	펌프 압송 작업에 적합하여야 하며 그 작업의 용이성 정도

(3) **워커빌리티**(Workability, 시공연도) : 시공의 용이성, 콘크리트 반죽의 묽은 정도

① **영향을 미치는 요인**

물의 양(단위수량)	많으면 재료분리 우려, 블리딩 증가
단위시멘트량	시멘트의 부배합이 빈배합보다 향상
시멘트의 성질	시멘트의 분말도 클수록 향상
골재의 입도/입형	연속입도분포, 골재는 둥그스럼한 구형
콘크리트의 배합비율	배합비율은 워커빌리티에 영향을 미침
혼화재료	AE제, 포졸란, 플라이애쉬 등 향상
비빔시간	적정한 비빔시간
온 도	온도가 높으면 워커빌리티 감소

② **슬럼프 값** : 콘크리트 반죽의 질기 정도 측정

종 류		슬럼프 값
철근콘크리트	일반적인 경우	80~150
	단면이 큰 경우	60~120
무근콘크리트	일반적인 경우	50~150
	단면이 큰 경우	50~100

③ **공기량의 성질**

ⓐ 공기량이 증가하면 컨시스턴시, 슬럼프 값이 증가한다.

ⓑ AE제의 혼입량이 증가하면 공기량이 증가한다.

ⓒ 콘크리트 온도가 증가하면 공기량은 감소한다.

ⓓ 기계비빔(2~3분)이 손비빔보다 공기량이 많다.

ⓔ 진동시간이 과다하면 공기량은 감소한다.

ⓕ 시멘트의 분말도, 단위시멘트량이 증가하면 공기량은 감소한다.

ⓖ 잔골재율, 잔골재 중에 미립분이 많으면 공기량은 증가한다.

    ↱ 철근의 부식 방지를 위해서 굳지 않은 콘크리트의 전체 염소이온량은 원칙적으로 0.30kg/m³ 이하로 하여야 한다. 다만 책임구조기술자의 승인을 받는 경우 0.60kg/m³까지 허용될 수 있다 (구조기준 4.5.4(3))

(4) **블리딩**: 굳지 않은 콘크리트나 모르터에 있어서 물이나 미세한 물질 등이 상승하는 현상

원 인	방지책
① 굵은골재 최대 치수가 클수록 ② 반죽질기가 클수록 ③ 물·시멘트비가 클수록 ④ 분말도가 낮은 시멘트를 사용할수록 ⑤ 단위수량·다짐·부재의 단면치수가 클수록 ⑥ 쇄석콘크리트는 일반 콘크리트에 비해 블리딩이 크다.	① 슬럼프 값은 적게 한다. ② 밀실한 콘크리트가 되도록 한다. ③ 골재 중에 유해물이 적어야 한다. ④ 분말도가 높은 시멘트를 사용한다.

    ↱ 레이턴스 : 블리딩에 의해서 부상한 미립물이 그 후 콘크리트 표면에 얇은 피막으로 되어 침적하는 것

3. 이어치기(시공이음)

① 전단력 최소 지점에서 이어붓기

② 보·바닥판은 간사이 중앙부에서 수직

③ 작은보가 접속되는 큰보이음은 작은보 너비의 2배

④ 아치는 축에 직각

⑤ 켄틸레버의 보, 바닥판은 이어붓지 않는다.

콘크리트의 비빔 시작부터 타설 종료까지의 시간한도		허용 이어치기 시간간격의 표준	
외기온		외기온	
25℃ 이상	90분	25℃ 초과	2.0시간
25℃ 미만	120분	25℃ 이하	2.5시간

⑥ **분리타설**(VH ; Vertical Horizontal) : 수직부재를 먼저 타설하고 수평부재를 나중에 타설하는 공법이다.

이 음

3.6.1 일반사항

시공이음은 될 수 있는 대로 전단력이 작은 위치에 설치하고, 부재의 압축력이 작용하는 방향과 직각이 되도록 하는 것이 원칙이다.

3.6.4 바닥판과 일체로 된 기둥, 벽의 시공이음

바닥판과의 경계부근에 설치하는 것이 좋다. 헌치는 바닥판과 연속해서 콘크리트를 타설하여야 한다. 내민 부분을 가진 구조물의 경우에도 마찬가지로 시공한다.

3.6.5 바닥판의 시공이음

슬래브 또는 보의 경간 중앙부 부근에 두어야 한다. 다만, 보가 그 경간 중에서 작은 보와 교차할 경우에는 작은 보의 폭의 약 2배 거리만큼 떨어진 곳에 보의 시공이음을 설치하고, 시공이음을 통하는 경사진 인장철근을 배치하여 전단력에 대하여 보강하여야 한다.

3.6.6 아치의 시공이음

아치축에 직각방향이 되도록 설치하여야 한다.

3.6.7 신축이음

(1) 양쪽의 구조물 혹은 부재가 구속되지 않는 구조이어야 한다.

(2) 신축이음에는 필요에 따라 이음재, 지수판 등을 배치하여야 한다.

3.6.8 균열유발 이음

균열의 제어를 목적으로 균열유발 이음을 설치할 경우 구조물의 강도 및 기능을 해치지 않도록 그 구조 및 위치를 정하여야 한다.

---

05 특수 콘크리트

1. 일반콘크리트	① 공기량은 보통콘크리트의 경우 4.5%, 경량골재콘크리트의 경우 5.5%, 포장콘크리트 4.5%, 고강도콘크리트 3.5% 이하로 하되, 그 허용오차는 ±1.5%로 한다. ② 굳지 않은 콘크리트 중의 전 염소이온량은 원칙적으로 $0.30kg/m^3$ 이하로 하여야 한다. ③ 콘크리트의 물 − 결합재비는 원칙적으로 60% 이하이어야 한다.
2. 레디 믹스트 콘크리트	① 협소한 장소에 적합 ② 재료 적치장이 불필요 ③ 균일한 품질이 보장 ④ 비빔 설치가 불필요하므로 소음이 작다.

	㉠ **센트럴 믹스트 콘크리트**(Central Mixed Concrete)	배처 플랜트 시설이 있는 고정믹서에서 완전히 비빈 것을 목적지에 운반하는 방법이다.
	㉡ **슈링크 믹스트 콘크리트**(Shrink Mixed Concrete)	고정믹서에서 어느 정도 비빈 것을 트럭 믹서에 담아 운반 중 비벼서 현장에 반입하는 방법이다.
	㉢ **트랜싯 믹스트 콘크리트**(Transit Mixed Concrete)	트럭 믹서에 모든 재료가 공급되어 운반 도중에 완전히 비벼서 현장에 반입하는 방법이다.

3. 경량골재 콘크리트	설계기준압축강도가 15MPa 이상, 기건 단위질량이 $2,100kg/m^3$ 이하의 콘크리트를 말한다. ① 공기연행 콘크리트로 하는 것을 원칙으로 한다. ② 경량골재 콘크리트의 최대 물 − 결합재비는 60%를 원칙으로 한다. ③ 슬럼프는 일반적인 경우 대체로 80~210mm를 표준으로 한다. ④ 건조수축이 크고 강도가 작으며 시공이 번거롭다. ⑤ 경량골재는 배합 전에 충분히 흡수시키고, 표면건조 내부포수상태에 가까운 상태로 사용하는 것을 원칙적으로 한다.
4. 한중(寒中) 콘크리트	① 타설일의 일평균기온이 4℃ 이하 또는 콘크리트 타설 완료 후 24시간 동안 일최저기온 0℃ 이하가 예상되는 조건이거나 그 이후라도 초기동해 위험이 있는 경우 한중 콘크리트로 시공하여야 한다. ② 공기연행콘크리트를 사용하는 것을 원칙으로 한다. ③ 물 − 결합재비는 원칙적으로 60% 이하이다. ④ 가열한 재료를 믹서에 투입하는 순서는 시멘트가 급결하지 않도록 정하여야 한다. ⑤ 시멘트는 절대 가열하지 않고, 골재를 가열시 불에 닿지 않도록 주의한다.

5. 서중(暑中) 콘크리트	① 서중 콘크리트는 일평균기온이 25℃를 초과하는 경우에 적용 ② 콘크리트의 배합은 소요의 강도 및 워커빌리티를 얻을 수 있는 범위 내에서 단위수량을 적게 하고 단위시멘트량이 많아지지 않도록 적절한 조치를 취하여야 한다. ③ 콘크리트 재료는 온도가 낮아질 수 있도록 하여야 한다. ④ 타설할 때의 콘크리트 온도는 35℃ 이하로 한다.
6. 수밀콘크리트	① 방수성을 갖게 하기 위해 콘크리트 자체를 수밀하게 만든 콘크리트 ② 배합 : 콘크리트의 소요의 품질이 얻어지는 범위 내에서 단위수량 및 물·결합재비는 되도록 작게 하고, 단위굵은골재량은 되도록 크게 한다. ③ 물·결합재비(W/C) : 50% 이하 표준 ④ 소요 슬럼프는 되도록 작게 하여 180mm를 넘지 않도록 하며, 콘크리트 타설이 용이할 때에는 120mm 이하로 한다. ⑤ 콘크리트의 워커빌리티를 개선시키기 위해 공기연행제, 공기연행감수제 또는 고성능 공기연행감수제를 사용하는 경우라도 공기량은 4% 이하가 되게 한다. ⑥ 소요품질을 갖는 수밀콘크리트를 얻기 위해 적당한 간격의 시공이음, 그 이음부의 수밀성에 대하여 특히 주의한다. ⑦ 수밀 콘크리트는 누수 원인이 되는 건조수축 균열의 발생이 없도록 시공하여야 하며, 0.1mm 이상의 균열 발생이 예상되는 경우 누수를 방지하기 위한 방수를 검토해야 한다.
7. 쇄석 콘크리트 (깬자갈 콘크리트)	① 쇄석과 모르타르의 부착력이 좋아 강자갈보다 강도가 커지는 장점이 있다. ② AE제를 사용해서 시공연도를 개선해야 한다.
8. 고강도 콘크리트	① 설계기준압축강도는 보통콘크리트 40MPa 이상, 경량골재 콘크리트에서 27MPa 이상으로 한다. ② 물 : 결합재비는 소요의 강도와 내구성을 고려하여 정하여야 한다. ③ 슬럼프는 작업이 가능한 범위 내에서 되도록 작게 한다. ④ 굵은골재의 입도분포는 굵고, 가는 골재알이 골고루 섞이어 공극률을 줄임으로써 시멘트풀이 최소가 되도록 하는 것이 좋다. ⑤ 기상의 변화가 심하거나 동결융해에 대한 대책이 필요한 경우를 제외하고는 공기연행제를 사용하지 않는 것을 원칙으로 한다. ⑥ 압축강도 50MPa 이상의 콘크리트는 치밀한 구조로 화재 발생시 폭렬이 일어나기 때문에 내화성이 떨어진다.

06 이음새

1. 콜드조인트 (Cold Joint)	① 비계획적 줄눈으로 신·구 타설 콘크리트의 경계면에 발생되기 쉬운 이어치기의 불량부위를 말한다. ② 수밀성 및 내구성에 문제를 일으킬 가능성이 있다.
2. 시공이음 (참고-이어붓기)	전단력 최소 부분에서 실시한다.

3. 신축이음
(신축줄눈)
	(1) 필요성
	   ① 온도변화에 의한 콘크리트의 수축·팽창을 흡수
	   ② 부동침하에 대한 피해를 최소화
	   ③ 적재하중, 이동하중의 영향 등에 의한 균열·파손 최소화
	(2) 신축줄눈 두는 위치
	   ① 기존 건물과 증축 건물의 접합부
	   ② 건물의 한 끝에 달린 날개형 건물 사이
	   ③ 저층의 긴 건물과 고층건물의 접속부
	   ④ 50~60m를 넘는 긴 건물
	   ⑤ 평면이 ㄴ, ㄷ, T형의 교차부분

4. 조절줄눈	콘크리트 바닥판의 수축에 의한 표면의 균열 방지를 목적으로 한다.
5. 지연줄눈 (Delay Joint)	장 스팬의 구조물(100m가 넘는)에 신축줄눈을 설치하지 않고, 건조수축을 감소시킬 목적으로 설치하는 줄눈이다.
6. 미끄럼줄눈 (Sliding Joint)	쉽게 활동할 수 있게 한 줄눈으로 바닥판 또는 보의 지지를 단순지지로 만들기 위한 줄눈이다.
7. 슬립조인트 (Slip Joint)	벽돌벽 + RC 슬라브

07 콘크리트의 내구성 관련

1. 콘크리트의 수밀성

(1) 투수계수를 지배하는 최대의 요소는 물·결합재비(물·시멘트비)이며 작은 쪽이 수밀성이 좋다.

(2) 물·결합재비가 동일할 경우 빈배합에서 부배합으로 됨에 따라 수밀성이 증가하나 너무 부배합으로 되면 수량이 많게 되어 역으로 수밀성이 감소한다.

(3) 습윤양생이 충분할수록, 재령이 많을수록 수밀성은 증가하나, 조기재령에 있어서 건조는 현저하게 수밀성을 현저하게 감소시킨다.

(4) AE콘크리트의 공기량은 그 양이 약 5% 정도에서 일반적으로 수밀성을 향상시킨다.

2. 콘크리트의 크리프(Creep)

(1) 콘크리트에 일정한 하중이 장시간에 걸쳐 작용할 때 하중의 증가가 없어도 시간이 지남에 따라 변형이 증대하는 것을 크리프라 한다.

(2) **크리프의 증가원인**

① 재령이 적은 콘크리트에 재하시기가 빠를 때
② 물·시멘트비(W/C비)가 큰 콘크리트를 사용할 때
③ 온도가 높고 대기습도가 적은 곳에 콘크리트를 건조상태로 노출시킬 때
④ 재하응력이 클 때
⑤ 양생(보양)이 나쁠 때

3. 동결융해(동해)의 방지대책

(1) AE제를 사용하여 공기량을 증가시켜 팽창압을 작게 한다.

(2) 물·시멘트비를 작게 하여 콘크리트를 밀실하게 한다.

4. 중성화

(1) 콘크리트의 알칼리성 상실과정으로 철근이 녹슬게 되고 내력과 내구성을 상실하게 되는 것을 말한다.

(2) **중성화의 원리 및 판별방법**

① 공시체의 파단면에 1% 페놀프탈레인 용액을 분무하여 변색의 여부를 관찰하여 판단한다.
② **홍색**: 알칼리성, **무색**: 중성화

(3) **중성화 억제대책**

① 콘크리트의 품질이 치밀하고 견고하도록 한다(조강, 보통 포틀랜드시멘트의 사용 권장).

② 물·시멘트비를 낮게 한다.

③ 충분한 초기 양생을 한다.

④ 타일, 돌붙임 등으로 마감한다.

⑤ 피복두께를 크게 하거나, 기밀성이 좋은 뿜칠재를 시공하는 것도 효과가 있다.

⑥ 제치장 콘크리트보다는 모르타르 마감이나 페인트 마감을 한쪽이 중성화 속도를 지연시키는 데 유효하다.

5. 염 해

콘크리트 중에 염화물이 존재하거나 공기 중의 해염입자 등이 철근을 부식시킴으로써 콘크리트의 구조물에 손상을 끼치는 현상을 말한다.

6. 알칼리골재반응(Alkali Aggregate Reaction)

알칼리와의 반응성을 가지는 골재가 시멘트, 그 밖의 알칼리와 장기간에 걸쳐 반응하여 콘크리트에 팽창균열, 박리 등을 일으키는 현상이다.

7. 화학적 침식(Chemical Attack)

산, 염, 염화물 또는 황산염 등의 침식 물질에 의해 콘크리트의 용해·열화가 일어나거나 침식 물질이 시멘트의 조성 물질 또는 강재와 반응하여 체적팽창에 의한 균열이나 강재 부식, 피복의 박리를 일으키는 현상이다.

---

08 철근콘크리트의 각부구조

1. 기둥: 수직부재, 압축력을 주로 받는 부재

(1) **주 근**

① **띠철근 기둥**(4각의 경우): 4개 이상

② **나선철근 기둥**: 6개 이상(D16 이상)

(2) **대근**(띠철근)/**나선철근**

주근의 좌굴 방지, 콘크리트의 전단보강 작용, 주근의 위치고정, 심부콘크리트를 횡구속한다.

2. 보 : 수평부재, 휨모멘트와 전단력을 주로 받는 부재

(1) 보의 단면

헌치는 휨강성과 전단력에 대한 강성의 증가를 목적으로 보 단부의 춤을 증가시킨 부분이다.

(2) 배 근

① **주근** : 양단부에서는 상부, 중앙에서는 하부에 더 많이 배근

② **굽힌 철근**(재축에 30°~45°) : 응력에 따른 상하 주근의 수량 변화, 전단력보강

③ **늑근**(재축에 45°~90°)

　　㉠ 단부는 촘촘히, 중앙부는 성기게 배근한다.

　　㉡ 늑근의 간격은 보춤(유효깊이, Depth)의 1/2 이하 또는 600mm 이하로 한다 (극한강도설계법).

④ **늑근의 목적**

　　㉠ 주근 상호 간의 위치 유지

　　㉡ 사인장력 및 전단력에 의한 균열 방지

　　㉢ 피복의 두께 유지

　　㉣ 철근의 조립 용이

전단보강철근

1. 주철근에 직각으로 설치하는 늑근
2. 주철근에 45° 이상의 경사로 설치하는 늑근
3. 주철근에 30° 이상의 경사로 구부린 굽힌철근
4. 늑근과 굽힌철근의 병용

---

3. 바닥판

(1) **1방향 슬래브** : 주근/온도에 따른 수축을 고려한 철근

(2) **2방향 슬래브** : 주근/부근(배력근)

4. 내력벽

(1) **내력벽**

① 자중과 더불어 수직하중을 지지하는 구조기능을 가진 벽

② 아파트, 소형 상업용 건물에서 내력벽 구조로 하면 경제적이고 공간의 효율을 높일 수 있다.

(2) **전단벽**(내진벽, Shearing Wall)

① 바람, 지진 등에 의한 수평하중도 지지할 수 있게 설계된 콘크리트벽

② 벽체와 벽체를 직교하게 배치하고 벽체의 두께 방향으로 횡력을 부담하는 경우를 최소화시킨 벽체

③ 내진벽의 배치는 평면상에 있어서 교점이 2개 이상 있도록 하고, 평면상의 교점 이나 연장선의 교점이 없거나 하나만 있는 경우에는 불안정하다.

④ 상·하층의 배치는 같은 위치에 두며 대칭되도록 배치

기출지문

1. 주근배근

   ① 압축측에도 철근을 배근하는 경우가 많다. 이 경우 압축측의 철근은 콘크리트의 강도를 보강해 주는 역할을 하며, 반대로 콘크리트는 철근이 좌굴하는 것을 방지하는 역할을 한다. 이처럼 축방향력이나 휨모멘트를 부담하는 철근을 주근(主筋)이라 한다.

   ② 동일한 단면적을 갖는 보라 할지라도 중립축으로부터 상하측 단부까지의 거리가 멀수록 휨모멘트에 대한 내력이 증가한다.

2. 철근배근

   ① 독립기초판의 주근은 주로 휨인장응력을 받는 하단에 배근된다.

   ② 기둥부재의 경우 띠철근과 나선철근은 콘크리트의 횡방향 벌어짐을 구속하는 효과가 있다.

   ③ 복근직사각형보의 경우 보 단면의 인장 및 압축 양측에 철근이 배근된다.

   ④ T형보는 보와 슬래브가 일체화되어 슬래브의 일부분이 보의 플랜지를 형성한다.

   ⑤ 양단 고정단 보의 단부 주근은 상부에 배근한다.

   ⑥ 보부재의 경우 휨모멘트에 의해 주근을 배근하고, 전단력에 의해 스터럽을 배근한다.

   ⑦ 늑근은 중앙부보다 단부에 많이 배근한다.

   ⑧ 슬래브 주근은 배력철근보다 바깥쪽에 배근한다.

   ⑨ 1방향 슬래브의 주철근은 단변방향으로 배근한다.

   ⑩ 1방향 슬래브의 장변방향으로는 건조수축 및 온도변화에 따른 균열방지용 철근을 배근한다.

   ⑪ 2방향 슬래브의 경우 단변과 장변의 양 방향으로 하중이 전달된다.

5. 옹 벽

① 중력식, 캔틸레버식, 부축벽식 옹벽이 있다.

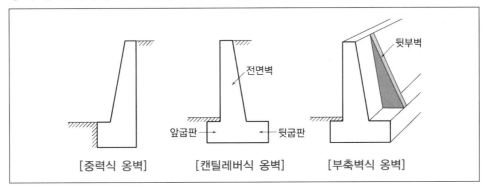

[중력식 옹벽]　　　[캔틸레버식 옹벽]　　　[부축벽식 옹벽]

② 배근의 기본 위치는 인장력을 받는 부분에 철근을 배근한다.

③ 옹벽은 토압 등의 수평력에 견디도록 설계하며, 전도·슬라이딩·침하·단면 파괴 및 각부의 응력에 대해서 안전해야 한다.

④ 옹벽의 길이가 너무 길면 20~30m 정도의 간격으로 신축이음을 두어야 한다.

⑤ 옹벽의 활동(滑動)에 대한 수평 저항력은 옹벽에 작용하는 수평력의 1.5배 이상 이어야 한다. ⇨ 전단키 설치

⑥ 옹벽의 전도에 대한 저항모멘트는 횡토압에 의한 전도모멘트의 2.0배 이상이어야 한다.

09 | 특수한 철근콘크리트구조

1. 벽식구조

(1) 주택은 비교적 작은 실(室)의 조합으로 이루어지기 때문에 벽이 많이 배치되어도 문제가 되지 않는다.

(2) 벽체가 간막이를 겸하기 때문에 경제적이다.

(3) 기둥이나 보가 없으므로 시공이 간편하다.

(4) 내진 및 내화성능이 우수하다.

2. 플랫 슬래브(무량판, 無梁板) 및 플랫 플레이트 슬래브

(1) 보가 사용되지 않고 슬래브가 직접 기둥에 지지되는 구조이다.

(2) 바닥판의 두께는 15cm 이상

(3) 펀칭전단에 대한 대책으로 지판(Drop Panel)과 주두(Column Capital)를 사용한 슬래브이다.

장 점	단 점
• 구조가 간단하다. • 공사비가 저렴하다. • 보가 없으므로 실내 이용률이 높다. • 층고를 낮출 수 있다. • 덕트 등의 설비배관이 자유롭다. • 시공이 쉽다.	• 상대적으로 바닥편이 두꺼워져 고정하중이 증대한다. • 뼈대의 강성이 약해질 수 있다. • 기둥 상부 주두의 철근이 여러 겹 배치되므로 복잡하다. • 계산이 다소 복잡하다.

3. 프리스트레스트 콘크리트(PSC, Pre-Stressed Concrete)

(1) 정 의

① Pre-Stressed 콘크리트란 인장응력이 생기는 부분에 미리 압축의 Prestress를 주어 콘크리트의 인장능력을 증가하도록 한 것이다.

② 제작방법으로는 Pre-Tension 공법과 Post-Tension 공법(대규모)이 있으며, 구조물의 균열이 방지되고 내구성이 증가된다.

(2) 특 징

① 설계하중 하에서 구조물의 균열이 방지되고, 내구성이 증대된다.

② 긴 스팬 구조가 용이하므로 보다 넓은 공간 설계가 가능하다.

③ 탄성력 및 복원성이 크고, 탄성 및 휨강도가 크다.

④ 부재에 확실한 강도와 안전성이 보장된다(하중이 큰 용도의 구조물에 대응하기가 용이하다).

⑤ 콘크리트의 건조수축에 의한 균열이 작다(내구성이 크다).

⑥ 보통 철근콘크리트보다 피복두께가 작으므로 내화성이 부족한 것이 단점이다.

10 균 열

1. 원인에 따른 분류

구 분	원 인
재료의 성질	① 시멘트의 이상 응결 ② 침하 및 블리딩 방지 ③ 시멘트의 이상 팽창 ④ 골재에 함유된 점토분 ⑤ 반응성 골재 또는 풍회암 사용 ⑥ 시멘트의 건조수축, 경화
시 공	① 혼화재의 불균일 분산 ② 장시간 비비기 ③ 시멘트, 수량 증가 ④ 타설 순서의 실수 ⑤ 급속한 타설 ⑥ 불충분한 다짐 ⑦ 배근의 이용, 피복두께 감소 ⑧ 시공이음 처리의 부정확 ⑨ 거푸집의 변형 ⑩ 거푸집의 조기 제거 ⑪ 경화 전 진동과 재하 ⑫ 초기양생 중의 급격한 건조 ⑬ 초기동해
외적 요인	① 온도·습도 변화 ② 부재 양면의 온/습도차 ③ 동결·융해의 반복 ④ 동상 ⑤ 내부 철근의 녹 ⑥ 화재, 표면 가열 ⑦ 산, 염류의 화학적 작용
하 중	① 하중(설계하중을 초과하는 경우) ② 하중(주로 지진에 의한 경우) ③ 단면 철근량 부족 ④ 구조물의 부동침하

2. 시기에 따른 분류

경화 전 콘크리트의 균열	① 소성수축 균열 ② 소성침하 균열 ③ 수화열에 의한 온도 균열
경화 후 콘크리트의 균열	① 건조수축 균열 ② 알칼리 골재반응에 의한 균열 ③ 동결융해에 의한 균열 ④ 염해에 의한 균열

수축의 분류
1. 소성수축(Plastic Shrinkage) : 굳지 않은 콘크리트에서 수분 손실에 의하여 일어나는 수축변형이다.
2. 건조수축(Drying Shrinkage) : 굳은 콘크리트에서 전체 수분이 외기로 발산하여 일어나는 수축을 말하며, 굳은 콘크리트에서 대부분의 수축변형은 건조수축에 의한다.

콘크리트 구조물에 발생하는 균열에 대한 기출지문
 1. 휨균열은 보 중앙부에서 수직에 가까운 형태로 발생한다.
 2. 보의 중앙부 하부에 발생한 균열은 휨모멘트가 원인이다.
 3. 연직하중을 받는 단순보의 중앙부 하단에 휨인장응력에 의한 수직방향의 균열이 발생한다.
 4. 압축철근비가 클수록 장기처짐은 감소한다.
 5. 주근은 휨균열 발생을 억제하기 위해 배근한다.
 6. 전단균열은 사인장균열 형태로 나타난다.
 7. 보단부의 사인장균열은 전단응력 때문에 발생한다.
 8. 보단부의 사인장균열을 방지하기 위해 주로 스터럽으로 보강한다.
 9. 소성수축균열은 콘크리트 표면에서 물의 증발속도가 블리딩 속도보다 빠른 경우에 발생한다.
10. 소성수축균열은 풍속이 클수록 증가한다.
11. 침하균열은 콘크리트 타설 후 자중에 의한 압밀로 철근 배근을 따라 수평부재 상부면에 발생하는 균열이다.
12. 침하균열은 굵은 철근 아래의 공극으로 콘크리트가 침하하여 철근 위에 발생한다.
13. 침하균열은 배근된 철근 직경이 클수록 증가한다.
14. 온도균열은 콘크리트의 내·외부 온도차가 클수록, 단면치수가 클수록 발생하기 쉽다.

15. 철근량이 동일한 경우 굵은 철근보다 가는 철근을 배근하는 것이 균열제어에 유리하다.
16. 크리프(Creep) 변형은 지속하중으로 인해 콘크리트에 발생하는 장기 변형이다.
17. 철근의 부식은 염해, 콘크리트의 중성화, 동결융해 등에 의하여 나타난다.
18. 콘크리트의 단위수량이 증가하면 블리딩과 건조수축이 증가한다.
19. 건조수축균열은 콘크리트 경화 후 수분의 증발에 의한 체적 감소로 발생한다.
20. 망상균열이 불규칙하게 발생하는 것은 주로 동결융해등에 의해 나타난다.
21. AE제는 동결융해에 대한 저항성을 증가시킨다.

04 철골구조

01 철골구조의 장·단점

(1) 장 점

① 강재는 재질이 균등하다.

② 철골구조는 강도가 커서 부재 단면을 작게 할 수 있어 철근콘크리트구조보다 건물중량을 가볍게 할 수 있다.

③ 인성이 커서 상당한 변위에 대하여 저항성이 크다.

④ 긴 스팬의 구조물이나 고층 구조물에 적합하다.

⑤ 기상조건 관계없이 정밀도가 높은 구조물을 얻을 수 있다.

⑥ 시공성이 좋아 공기 단축할 수 있다.

(2) 단 점

① 단면에 비하여 부재 길이가 비교적 길고 두께가 얇아 좌굴하기 쉽다.

② 열에 대하여 약하며 고온에서 강도의 저하, 변형하기 쉽다.

③ 강재는 녹슬기 쉽기 때문에 방청처리가 필요하다.

02 구조용 강재

(1) 강재의 종류

강판, 형강(L형강, I형강, H형강, ㄷ형강 등), 봉강, 강관

(2) 강재 기호의 의미

① **첫 번째 S**: Steel

② **두 번째 문자**: 제품의 형상이나 용도 및 강종

③ **숫자**: 항복강도(두께에 따라 강도가 다름에 주의)

④ **A, B, C**: 강재의 품질로 C > B > A 순으로 충격특성(용접성)이 양호한 고품질의 강이다.

(3) 구조용 강재의 KS 규격

① **SS계열**: 일반 구조용 압연강재

② **SM계열**: 용접 구조용 압연강재

③ **SMA계열**: 용접 구조용 내후성 열간 압연강재

④ **TMCP**: 열가공제어강(Thermo Mechanical Control Process Steel, 예 SM490TMC)은 고층 건축물 기둥재로 사용하며 제어압연과 고인성, 용접성이 뛰어난 강재로 두께 40mm 초과 후판에서 설계강도의 저감이 없다.

⑤ **SN계열**: 건축 구조용 압연강재

⑥ **SHN**: 건축구조용 H-BEAM(Steel H-beam New)

⊡ 강재의 규격 표시 해설

보 기	내 용
SS 275	Steel, 일반 구조용 압연강재, 항복강도 $275N/mm^2$
SN 315B	• SN: Steel, 건축 구조용 압연강재 • 315: 항복강도 $315N/mm^2$(MPa) • B: 충격흡수 에너지 시험 보증값 구분(용접성 A<B<C) 용접성은 중간 • A · B · C 순서로 A보다는 C가 충격특성(용접성)이 향상되는 고품질 강

⊡ 철강재의 KS 강종기호 개정 비교

KS명	강종기호	
	종래 기호	변경 기호
KS D 3503	SS330	SS235
	SS400	SS275
	SS490	SS315
	SS540	SS410
	SS590	SS450
	—	SS550

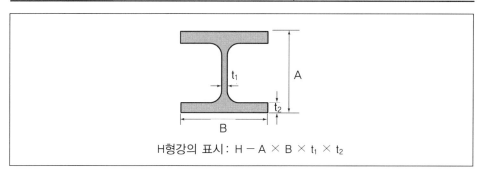

H형강의 표시: H − A × B × t_1 × t_2

03 철골부재의 접합

접합부의 설계는 설계강도가 소요강도보다 크도록 설계하여야 하며, 설계법은 작용응력이 작은 곳에 접합부를 설치하여 접합부에 큰 응력이 걸리지 않도록 한다.

(1) 리벳접합

① 일반적으로 둥근머리 리벳이 주로 사용되고, 가열온도(900~1,000℃)를 준수하고, 600℃ 이하로 냉각된 것은 사용할 수 없다.

② **리벳치기 기구**: 죠 리벳터, 뉴메탈해머, 쇠메치기

③ 불량리벳은 치핑해머, 리벳카터, 드릴로 따내고 다시치기를 실시한다.

⊡ 리벳 관련 용어

관련 용어	내 용
리벳의 피치(Pitch)	리벳구멍의 중심 간 간격
게이지 라인(Gauge Line)	한 열의 리벳중심을 통하는 선
게이지(Gauge)	게이지 라인과 게이지 라인과의 거리
클리어런스(Clearance)	리벳과 수직재면과의 여유거리
그립(Grip)	리벳으로 접합하는 판의 총두께
연단거리	리벳구멍에서 부재끝단까지 거리

(2) 볼 트

① 보통볼트접합은 볼트의 전단력과 볼트와 접합재와의 지압에 의해 힘을 전달하는 방법이다.

② 일반볼트접합은 가설건축물 등에 제한적으로 사용되며, 높은 강성이 요구되는 주요 구조부분에는 사용하지 않는다.

장 점	㉠ 시공, 해체가 용이하다. ㉡ 소음이 작다.
단 점	㉠ 장기간 사용시 볼트가 느슨해질 우려가 있다. ㉡ 구멍지름만큼의 단면결손이 있다. ㉢ 볼트의 축경과 구멍의 불일치 및 초기변형이 생길 수 있다.

③ 볼트와 너트의 조합시 너트는 볼트 강도구분과 같거나 높은 것을 사용할 수 있다.

PART 02

(3) **고력볼트접합**

① 고력볼트를 사용하여 강력한 회전토크로 너트를 강력하게 죄여 접합재 상호 간에 생긴 마찰력으로 응력을 전달하는 접합방법으로 고력볼트접합 또는 마찰접합이라 한다.

② 고력볼트의 기계적 성질에 의한 등급은 F8T, F10T, F11T 등이 있다(가운데 숫자는 인장강도를 표시한다).

③ 고장력볼트 죄임(조임)기구에는 임팩트 렌치, 토크 렌치 등이 있다.

④ **고력볼트의 장점**

  ㉠ 접합부의 강성이 높아 변형이 거의 없고 소음도 없다, 노동력 절약 및 공기단축, 현장 시공 설비가 간단, 불량부분 수정이 쉽다.

  ㉡ 고장력볼트접합은 응력집중이 적으므로 반복응력에 강하다.

⑤ **조임 순서**: 중앙에서 단부로 하며 볼트조임 후 검사방법에는 토크관리법, 너트회전법, 조합법 등이 있다.

고장력볼트 시방 규정 일반

1. 고장력볼트 세트의 구성은 고장력볼트 1개, 너트 1개 및 와셔 2개로 구성된다. 조임길이에 더하는 길이는 너트 1개, 와셔 2개 두께와 나사피치 3개의 합이다. 다만 TS볼트의 경우에는 위의 값에서 와셔 1개의 두께를 뺀 길이를 적용한다(조임길이는 볼트접합되는 판들의 두께 합이다).

2. 마찰접합의 마찰면의 준비: 마찰면인 강재의 표면과 고장력볼트 구멍 주변을 정리하고, 구멍을 중심으로 지름의 2배 이상 범위의 녹, 흑비 등을 숏 블라스트(Shot Blast) 또는 샌드 블라스트(Sand Blast)로 제거한다.

  ① 접합부 조립시에는 겹쳐진 판 사이에 생긴 2mm 이하의 볼트구멍의 어긋남은 리머로써 수정해도 된다.

  ② 모든 볼트머리와 너트 밑에 각각 와셔 1개씩 끼우고, 너트를 회전시켜서 조인다. 다만, 토크전단형(T/S) 고장력볼트는 너트측에만 1개의 와셔를 사용한다.

  ③ 세트를 구성하는 와셔 및 너트에는 바깥쪽과 안쪽이 있으므로 볼트 접합부에 사용할 때에는 너트의 표시 기호가 있는 쪽이 바깥쪽이고, 와셔는 면치기가 있는 쪽이 바깥쪽이므로 반대로 사용하지 않도록 주의한다.

  ④ 볼트의 조임 및 검사에 사용되는 기기 중 토크렌치와 축력계의 정밀도는 ±3% 오차범위 이내가 되도록 충분히 정비된 것을 이용한다.

  ⑤ 볼트의 끼움에서 본조임까지의 작업은 같은 날 이루어지는 것을 원칙으로 한다.

  ⑥ 볼트의 조임 작업시 본조임은 원칙적으로 강우 및 결로 등 습한 상태에서 조임해서는 안 된다.

⑦ 강구조 건축물 고장력볼트(육각볼트, 토크-전단형 볼트)의 조임은 1차 조임과 금매김, 본조임으로 구분하여 시행한다.

⑧ 1차 조임 후 모든 볼트는 고장력볼트, 너트, 와셔 및 부재를 지나는 금매김을 한다.

⑨ 볼트 군마다 이음의 중앙부에서 판 단부쪽으로 조여진다.

⑩ 구조물 고장력볼트의 현장시공시 도입장력은 설계볼트장력에 10%를 증가시켜 표 3.1-1의 표준볼트장력이 도입되도록 한다.

04 용접접합

1. 장 · 단점

장 점	단 점
① 구멍에 의한 부재단면의 결손이 없다.	① 용접공의 기량에 대한 의존도가 높다.
② 용접에 의한 돌출부가 적다.	② 접합부의 검사에 고도의 기술이 요구된다.
③ 첨판 등의 부자재를 사용하지 않는다.	③ 용접시 열에 의한 변형이나 응력이 생긴다.
④ 소음이 생기지 않는다.	④ 용접부의 취성파괴가 우려된다.
⑤ 간편하면서도 강판두께의 제한이 없다.	

2. 용접방법

(1) **맞댐용접**(연속용접, Groove용접)

① 판재형태의 접합재를 맞대어 용접하는 방법

② **개선**: 접합재 끝에는 적당한 홈(Groove)을 내며 이 홈을 개선이라 하며 이 홈의 각도를 개선각도라 하고 45°~90° 정도로 한다.

③ **루트 간격**: 접합재 사이를 루트 간격이라 하며 용접봉을 접합재의 밑면 또는 루트까지 접근시키는 필요한 간격이다.

(2) **모살용접**(단속용접과 연속용접, Fillet용접)

① 모재를 가공하지 않고 일정한 각도로 접합한 후 삼각형 모양으로 접합부를 용접하는 방법

② 가공하기 쉽고 적응성과 경제성이 커 가장 널리 사용하는 용접방법

③ 모살용접은 종국적으로 용접부에 대해 전단에 의해 파단되어서 일반적으로 용접 유효면적에 대해 전단응력으로 설계된다.

구 분	내 용
유효단면적	유효단면적 = 유효길이 × 유효목두께
유효용접길이	유효용접길이 = 용접(전체)길이 − 2 × 필릿사이즈
최소 유효길이	필릿사이즈의 10배 또한 30mm 이상(40mm 이상 − KCS 41 21 20)

(3) 슬롯용접, 플러그용접

① 단독으로 사용되는 경우도 있으나 보통은 모살용접과 같이 사용된다.

② 모살용접이 한정되어 부재의 전단력을 전달하기에 충분하지 않을 때 겹쳐지는 부재에 구멍을 뚫고 용접봉의 녹은 쇳물을 채워 용접하는 것

3. 용접부 결함

① 변형	용접부의 수축 때문에 용접이음매는 용접선방향 또는 용접선에 수직한 방향의 수축, 각변화 등의 변형을 일으킨다.
② 슬래그 섞임 (Slag Inclusion)	용접한 부분의 용접금속 속에 슬래그가 섞여 있는 것이다.
③ 언더 컷 (Under Cut)	용접금속이 홈에 차지 않고 홈 가장자리가 남아 있는 것이다.
④ 오버랩 (Over−Lap)	용접금속이 모재에 완전히 붙지 않고 겹쳐 있는 것이다.
⑤ 공기구멍 (Blow Hole)	용접부분 안에 생기는 기포이다.
⑥ 피트 (Pit)	용접부분 표면에 생기는 작은 구멍이며 블로홀이 표면에 부상하여 발생한 것으로, 모재의 녹 등의 원인이 되는 경우가 많다.
⑦ 피시 아이 (Fish Eye)	은점, 용착금속 단면에 생기는 지름 2~3mm 정도의 은색 원점이다.
⑧ 융착 부족 (Incomplete Penetration)	홈 각도의 협소 등으로 완전히 녹아 붙지 않은 것을 말한다(용입부족, Lack Of Penetration).
⑨ 크레이터 (Crater)	용접길이의 끝부분에 우묵하게 파진 부분으로서, 이를 방지하기 위하여 모재 단부에 엔드탭을 설치하기도 한다.

🖐 약한 전류로 인해 생기는 용접 결함은 오버랩이며, 언더 컷은 용접전류의 과대에 의해 생기는 용접 결함이다.

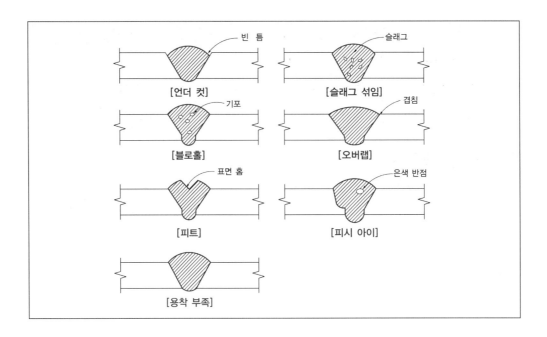

4. 용접 관련 용어

① 스칼럽 (Scallop)	용접선의 교차를 피하기 위해 한 쪽의 부재에 설치한 홈. 용접접근공이라고도 한다.
② 엔드탭 (End Tab)	개선이 있는 용접의 양끝의 전단면의 완전한 용접을 하기 위해, 그리고 공기구멍(Blow Hole), 크레이터(Crater) 등의 용접결함이 생기기 쉬운 용접 비드의 시작과 끝지점에 용접을 하기 위해 용접 접합하는 모재의 양단에 부착하는 보조강판이다.
③ 비드(Bead)	용접에서 용접봉이 1회 통과할 때 용재표면에 융착된 금속층이다.
④ 뒷댐재 (Back Strip)	용접을 용이하게 하고 엔드탭의 위치를 확보하며, 홈의 저부에 뒷면에서 대는 것이다.
⑤ 위빙 (Weeving)	용접을 하면서 진행 방향에 대하여 옆(수직)으로 번갈아 움직이면서 용접하는 운봉법이다.
⑥ 가우징 (Gouging)	용착금속을 녹인 후 강한 공기로 불어내어 깨끗하게 홈을 파는 작업이다.
⑦ 루트	용접부 단면에서 용착금속의 밑과 모재와의 교점 또는 홈의 밑부분이다.
⑧ 그루브	용접에서 두 부재 간 사이를 트이게 한 홈에 용착금속을 채워넣은 부분이다.
⑨ 스패터	아크용접이나 가스용접에 있어 용접층에 날리는 슬래그 및 금속이다.
⑩ 플럭스	자동용접에서 용접봉의 피복제 역할을 하는 분말상의 재료다.

5. 접합 혼용시 응력부담

① 용접, 고장력볼트, 리벳, 볼트 등을 같이 사용할 때 용접이 전 응력을 부담한다.

② 리벳과 볼트를 같이 사용할 때 리벳이 전 응력을 부담한다.

③ 고장력볼트와 리벳을 같이 사용할 때 각각 응력을 부담한다.

④ 용접을 먼저하고 고장력볼트 체결시 용접이 전 응력을 부담한다.

⑤ 고장력볼트를 먼저 체결하고 용접할 때 각각 응력을 부담한다.

용접 > 고장력볼트 = 리벳 > 볼트

6. 표준시방서

(1) 용접시공 일반

① 용접순서 및 방향은 가능한 한 용접에 의한 변형이 적고, 잔류응력이 적게 발생하도록 하고 용접이 교차하는 부분이나 폐합된 부분은 용접이 안 되는 부분이 없도록 용접순서에 대하여 특별히 고려해야 한다.

② 용접부에서 수축에 대응하는 과도한 구속은 피하고 용접작업은 조립하는 날에 용접을 완료하여 도중에 중지하는 일이 없도록 해야 한다.

③ 완전용입 용접을 수동용접으로 실시할 경우의 뒷면은 건전한 용입부까지 가우징한 후 용접을 실시해야 한다.

④ 용접자세는 가능한 한 회전지그를 이용하여 아래보기 또는 수평자세로 한다.

⑤ 아크 발생은 필히 용접부 내에서 일어나도록 해야 한다.

⑥ 맞대기 용접에서 용접표면의 마무리 가공이 규정되어 있지 않는 경우에는 판두께의 10% 이하의 보강살 붙임을 한 후 끝마무리를 해야 한다.

⑦ 큰 보와 작은 보의 접합은 단순지지의 경우가 많으므로 클립앵글 등을 사용하여 웨브(Web)만을 상호접합한다.

⑧ 접합부는 부재에 발생하는 응력이 완전히 전달되도록 하고 이음은 가능한 응력이 작게 되도록 한다.

⑨ 부재이음에는 용접과 볼트를 원칙적으로 병용해서는 안 되지만 불가피하게 병용할 경우에는 용접 후에 볼트를 조이는 것을 원칙으로 한다.

⑩ 웨브를 고장력볼트접합, 플랜지를 현장용접하는 등의 볼트와 용접을 혼용하는 혼용접합을 사용하는 경우에는 원칙적으로 고장력볼트를 먼저 체결한 후에 용접하도록 한다.

(2) **용접검사**

① 모든 용접은 전 길이에 대해 육안검사를 수행한다. 표면 결함이 발결된 경우에는 필요에 따라 침투탐상시험(PT, Penetrating Test) 또는 자분탐상시험(MT, Magnetic Particle Examination) 등을 수행할 수 있다.

② 모든 용접부는 육안검사를 실시한다. 용접비드 및 그 근방에서는 어떤 경우도 균열이 있어서는 안 된다.

③ 균열검사는 육안으로 하되, 특히 의심이 있을 때에는 자분탐상법 또는 침투탐상법으로 실시해야 한다.

④ 주요 부재의 맞대기이음 및 단면을 구성하는 T이음, 모서리이음에 관해서는 비드 표면에 피트가 있어서는 안 된다.

⑤ 오버랩이 있어서는 안 된다.

KDS 14 31 25 : 2024

4.1.1.10 이음부 설계세칙

(1) 응력을 전달하는 필릿용접의 최소유효길이는 공칭용접치수의 10배 이상 또한 30mm 이상을 원칙으로 한다.

(2) 응력을 전달하는 겹침이음은 2열 이상의 필릿용접을 원칙으로 하고, 겹침길이는 얇은쪽 판 두께의 5배 이상 또한 25mm 이상으로 한다.

(3) 고장력볼트의 공칭구멍직경은 표 4.1-1에 따른다.

(4) 고장력볼트의 구멍중심간의 거리는 공칭직경의 2.5배를 최소거리로 하고 3배를 표준거리로 한다.

(5) 고장력볼트의 구멍중심에서 피접합재의 연단까지의 최소거리는 연단부 가공방법을 고려하여 표 4.1-2에 따른다.

(6) 고장력볼트의 구멍중심에서 볼트머리 또는 너트가 접하는 부재의 연단까지의 최대거리는 판 두께의 12배 이하 또한 150mm이하로 한다.

고장력볼트의 공칭구멍 치수(mm)

고장력볼트의 직경	표준구멍의 직경	과대구멍의 직경
M16	18	20
M20	22	24
M22	24	28
M24	27	30
M27	30	35
M30	33	38

7. 도장 및 도금

(1) 아래와 같은 환경과 조건에서는 도장작업을 중지한다.

① 도장작업 장소의 기온이 5℃ 이하, 상대습도가 80% 이상일 때

② 도장작업시 또는 도막건조 전에 눈, 비, 강풍, 결로에 의해 수분이나 분진 등이 도막에 부착될 우려가 있는 경우

③ 기온이 높아 강재 표면온도가 50℃ 이상이 되어 기포가 생길 우려가 있을 때

(2) 아래와 같은 부분은 도장을 하지 않는다.

① 현장용접을 하는 부위 및 초음파탐상 검사에 지장을 미치는 범위

② 고장력볼트 마찰접합부의 마찰면

(3) 아래와 같은 부분은 도장을 하지 않는 것을 원칙으로 한다, 다만 도장을 하는 경우에는 공사시방서에 따른다.

① 콘크리트에 묻히는 부분

② 핀, 롤러 등에 밀착되는 부분과 회전면 등 절삭 가공한 부분

③ 조립에 의하여 면맞춤 되는 부분

④ 밀폐되는 내면

05 뼈대구조

1. 보

형강 보	플랜지 (Flange)	① 보의 단면 상하에 날개처럼 내민 부분으로서 휨모멘트를 받는다. ② 커버플레이트(덧판)으로 휨강성 보강한다.
	웨브 (Web)	① 보의 중앙부의 복부재(腹部材)로서 전단력을 받는다. ② 스티프너 : 웨브의 좌굴방지
하니컴 보		휨모멘트에 대한 내력을 늘림과 동시에 웨브에 뚫린 구멍을 통하여 덕트(Duct)배관을 할 수 있으므로 층고(層高)를 낮출 수 있다는 장점이 있다.
합성 보		① 2종류 이상의 재료를 사용하여 일체로 되어 작용되도록 만든 보를 말한다. ② 철골보와 콘크리트 슬래브를 전단열결재(시어커넥터 : Shear Connetor)로 일체화시켜 수평전단에 저항한다.
하이브리드 빔 (Hybrid Beam)		플랜지와 웨브의 재질을 다르게 하여 조립시켜 휨성능을 높인 조립보이다(고강도 플랜지 + 보통 강도 웨브).

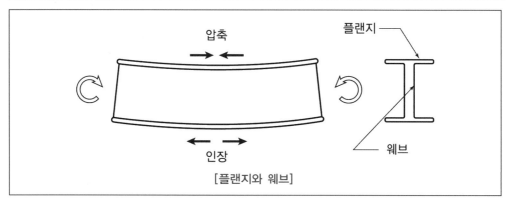

[플랜지와 웨브]

2. 주각구조

(1) 주각(柱脚)은 기둥을 타고 내려온 하중을 철근콘크리트의 기초에 전달하는 부분이다.

(2) 하중을 기초에 골고루 전달하기 위해 주각의 하단부에 베이스 플레이트(Base Plate, 밑판)를 붙이고 이를 앵커볼트(Anchor Bolt, 정착볼트)로 기초판에 고정시키는데, 이를 정착(定着)이라 한다.

3. 바닥판

데크 플레이트는 철근콘크리트를 바닥판으로 할 때 구조보강과 영구거푸집 역할을 한다.

> **용어 해설**
>
> 1. 메탈터치(Metal Touch) : 기둥 이음부에 인장응력이 발생하지 않고, 이음부분면을 절삭가공기를 사용하여 마감하고 충분히 밀착시킨 이음을 말한다. 이러한 이음의 경우에는 밀착면으로 소요압축강도 및 소요휨강도의 일부가 전달된다고 가정하여 설계할 수 있다.
> 2. 밀시트(Mill Sheet) : 강재 납입시에 첨부하는 품질보증서로 제조번호, 강재번호, 화학성분, 기계적 성질 등이 기록되어 있으며, 정식 영문 명칭은 Mill Sheet Certificate이다.
> 3. 피로파괴(Fatigue Failure) : 항복강도 이하의 강도를 유발하는 반복하중을 장기간 받을 때, 균열이 심화되는 경우(주로 교량에서 발생)
>   ① 금속 조직의 불연속으로 인한 응력 집중으로 미세균열 발생
>   ② 장기간에 걸쳐 하중이 반복됨으로써 균열 증가

06 내화피복

강재의 온도에 따른 성질 변화
1. 고온일 때, 600℃ 정도에서 상온 강도의 1/2
2. 저온일 때, 온도가 낮아짐에 따라 강성은 증가하나 연성과 인성은 감소하며, 변형능력이 줄어 취성파괴 가능성은 증대한다.

⊞ 철골내화피복공법의 특징

습식공법	뿜칠공법	접착제를 도포한 철골이나 라스 바탕에 암면을 스프레이건으로 뿜는다. 쉽지만 피복두께나 비중관리가 어렵고 뿜칠재의 비산은 공해의 원인이 된다.
	미장공법	각종 플라스터나 모르타르를 원형강으로 보강한 라스 위에 도포한다. 재료가 저가이고 내화피복재가 마감을 겸하는 것도 가능하지만 시공에 숙련을 요한다.
	타설공법	경량콘크리트나 경우에 따라 질석모르타르 등을 부어넣는다. 까다로운 접합부가 없을 경우, 시공이 용이하고 안전도도 높지만 타설과 양생에 시간이 걸리고 균열이 발생하기 쉽다.
	조적공법	벽돌, 콘크리트블록, 석재 등을 조적하는 방법으로 충격에 강하고 박리의 우려가 없으나 시공기간이 길다.
건식공법	성형판(成形板) 붙임공법	ALC판이나 규산칼슘판 등을 연결철물이나 접착제 등으로 붙인다. 작업능률이 좋고 품질관리도 용이하나, 시공도중 재료의 파손이나 절단에 의한 낭비가 발생한다.
합성공법	이종재료 적층공법	건식과 습식 공법의 단점을 보완하며 바탕에는 석면성형판, 상부에는 질석 플라스터로 마무리 한다.
	이질재료 접합공법	초고층 건물의 외벽공사를 경량화 목적으로 공업화 제품을 사용하여 내부 마감제품과 이질재료를 접합하는 공법으로 외부는 P.C.판으로, 내부는 규산칼슘판으로 마감하는 공법이다.
복합공법		하나의 제품으로 2개의 기능을 충족시키는 공법으로 외부 커튼월과 내화피복, 천장공사의 천장마감과 내화피복기능을 충족하는 공법이다.
	멤브레인공법	내화피복을 겸한 천장이나 바닥을 설치한다. 시공이 간단하고 정밀도도 좋으나 부분적인 파손이 전체적인 성능감소를 초래한다. 설비기구의 설치에 각별한 주의가 필요하다.

⊕ 내화피복공법의 종류

구 분	공 법	재 료
도장공법	내화도료공법	팽창성 내화도료
습식공법	타설공법	콘크리트 경량 콘크리트
	조적공법	콘크리트 블록 경량 콘크리트 블록 돌, 벽돌
	미장공법	철망 모르타르 철망 펄라이트 모르타르
	뿜칠공법	뿜칠 암면 습식 뿜칠 암면 뿜칠 모르타르 뿜칠 플라스터 실리카, 알루미나계열 모르타르
건식공법	성형판 붙임공법	무기섬유 혼입 규산칼슘판 ALC판 무기섬유강화 석고보드 석면 시멘트판 조립식 패널 경량콘크리트 패널 프리캐스트 콘크리트판
	휘감기공법	—
	세라믹울 피복공법	세라믹 섬유 블랭킷
합성공법	합성공법	프리캐스트 콘크리트판 ALC판

⊣ 건축물의 피난·방화구조 등의 기준에 관한 규칙 [별표 1]

내화구조의 성능기준(제3조 제8호 관련)

일반기준 (단위: 시간)

용도 \ 구성 부재			벽						보·기둥	바닥	지붕·지붕틀
			외 벽			내 벽					
			내력벽	비내력벽		내력벽	비내력벽				
용도구분	용도규모 층수 / 최고 높이(m)		내력벽	연소 우려가 있는 부분	연소 우려가 없는 부분	내력벽	간막이벽	승강기·계단실의 수직벽	보·기둥	바닥	지붕·지붕틀
주거 시설 — 단독주택, 공동주택, 숙박시설, 의료시설	12/50	초 과	2	1	0.5	2	2	2	3	2	1
		이 하	2	1	0.5	2	1	1	2	2	0.5
	4/20 이하		1	1	0.5	1	1	1	1	1	0.5

건축물 강구조공사 내화피복〈KCS 41 31 50 : 2022〉

3.2 건축물 강구조공사 내화피복 공사의 검사 및 보수

⑴ 강구조 건축물 내화피복 공사의 검사항목, 방법 등은 해당 특기시방서에 따른다. 특기시방서에 정한 바가 없는 경우, 아래에 따른다.
  ① 미장공법, 뿜칠공법
    ㉠ 미장공법의 시공시에는 시공면적 $5m^2$당 1개소 단위로 핀 등을 이용하여 두께를 확인하면서 시공한다.
    ㉡ 뿜칠공법의 경우 시공 후 두께나 비중은 코어를 채취하여 측정한다. 측정 빈도는 층마다 또는 바닥면적 $500m^2$마다 부위별 1회를 원칙으로 하고, 1회에 5개소로 한다. 그러나 연면적이 $500m^2$ 미만의 건물에 대해서는 2회 이상으로 한다. 단, 필요시 책임기술자와 협의하여 면적을 늘릴 수 있다.
  ② 조적공법, 붙임공법, 멤브레인공법, 도장공법
    ㉠ 재료반입시, 재료의 두께 및 비중을 확인한다.
    ㉡ 빈도는 층마다 또는 바닥면적 $500m^2$마다 부위별 1회로 하며, 1회에 3개소로 한다. 그러나 연면적이 $500m^2$ 미만의 건물에 대해서는 2회 이상으로 한다. 단, 필요시 책임기술자와 협의하여 면적을 늘릴 수 있다.
⑵ 불합격의 경우, 덧뿜칠 또는 재시공하여 보수한다.
⑶ 상대습도가 70%를 초과하는 조건은 내화피복재 내부에 있는 강재에 지속적으로 부식이 진행되므로 습도에 유의한다.
⑷ 분사암면공법의 경우, 소정의 분사두께를 확보하기 위해 두께측정기 또는 이것에 준하는 기구로 두께를 확인하면서 작업한다.

05 조적식구조

01 조적조구조 기준

1. 내력벽

(1) 배 치

① 내력벽은 평면상 균형있게 배치한다.

② 상하층의 내력벽과 개구부등은 수직선상에 있게 배치한다.

③ 2층 이상의 건물에서 각 층의 내력벽이 평면상으로 동일한 위치에 오도록 배치한다.

④ 내력벽의 두께는 바로 위층의 내력벽의 두께 이상으로 한다.

⑤ 벽의 편재를 방지하고 각 내력벽에 균등한 전단력을 전하도록 분할 면적은 되도록 적게 할수록 좋다.

(2) 내력벽의 높이, 길이, 두께

① **최상층의 내력벽의 높이**: 4m 이하

② **내력벽의 길이**: 10m 이하

③ **내력벽으로 둘러싸인 바닥면적**: $80m^2$를 넘지 못한다.

④ **내력벽 두께**

㉠ 건축물의 층수, 벽의 높이 및 길이에 따라 다르다.

㉡ 벽돌조: 벽높이의 1/20(블록조는 1/16)

  🔎 **보강블록조**: 벽길이의 1/50

㉢ 내력벽의 두께는 바로 윗 층의 내력벽의 두께 이상

㉣ 내력벽의 두께는 내력벽이 이중벽인 경우 이중벽 중 하나의 내력벽에 적용

㉤ 토압을 받는 내력벽은 조적식구조로 하여서는 안 된다. 다만, 토압을 받는 부분의 높이가 2.5m를 넘지 않는 경우에는 조적식구조인 벽돌구조로 할 수 있다.

H 구분 L	5m 미만		5~11m 미만		11m 이상		$A > 60m^2$	
	8m 미만	8m 이상	8m 미만	8m 이상	8m 미만	8m 이상	1층	2층
1층	15	19	19	19	19	29	19	29
2층	–	–	19	19	19	19	–	19

(3) **개구부의 설치**: 개구부 너비의 합계 = 벽 길이 1/2 이하

2. 테두리 보(Wall Girder)

(1) 설치 목적

① 벽체를 일체로 하여 하중을 균등히 분산한다.

② 횡력에 대한 수직 균열을 방지한다.

③ 세로철근의 끝을 정착한다.

④ 지붕, 바닥틀 등의 집중 하중을 직접 받는 블록에 대한 보강한다.

(2) 배치 원칙

테두리 보를 층마다 설치하는 것이 원칙(최상층 또는 단층의 경우 철근콘크리트 바닥판으로 할 경우 제외)

(3) 테두리 보의 춤과 너비

① **너비**: 내력벽 두께 이상 또는 대린벽 중심간 거리의 1/20 이상

② **춤**: 내력벽 두께의 1.5d 이상 또는 30cm 이상, 단층건물에서는 25cm 이상

3. 쌓기용 모르타르 및 줄눈

(1) 모르타르

① 응결이 시작되기 전에 사용한다.

② 접착강도가 중요하다.

③ 모르타르강도는 벽돌강도 이상으로 한다.

④ **건축공사표준시방서**

㉠ 콘크리트 조적체에서는 허가된 경우를 제외하고 젖어서는 안 된다.

㉡ 모르타르는 다시 비빌 수 있으나 시멘트의 수화작용에 의해 경화되기 시작한 모르타르나 그라우트를 사용해서는 안 된다. 어떤 경우에도 처음 물을 넣고 비빈 후 두 시간이 지난 모르타르나 한 시간이 지난 그라우트를 사용해서는 안 된다. 단, 공장에서 건조상태로 혼합되고 현장에서 비비는 경우에는 예외로 할 수 있다. 그라우트나 모르타르는 성형 가능할 때까지 비빔기계에서 비벼야 하며, 이때의 비빔시간은 10분을 넘지 않도록 한다.

⑤ **물축임**

㉠ 붉은벽돌 : 벽돌쌓기 하루 전 충분한 물축임

㉡ 내화벽돌 : 물축임 하지 않는다(기건성).

㉢ 콘크리트벽돌 : 직전에 축이지 않음

㉣ 콘크리트블록(단순조적조) : 모르타르 접착면만 한다.

㉤ 콘크리트블록(보강블록조적조) : 물축임하지 않는다.

(2) **줄 눈**

① **막힌줄눈** : 하중이 균등하게 분포하므로 내력벽에 사용한다.

② **통줄눈** : 강도와 방습이 좋지 않다. 내력벽에 부적당하다.

③ **치장줄눈** : 벽돌쌓기 후 줄눈 모르타르가 굳기 전에 깊이 6mm 정도 줄눈파기를 한 뒤 벽돌 벽면을 청소·정리하고 공사에 지장이 없는 한 빠른 시일 내에 빈틈 없이 바른다.

02 벽돌구조

1. 벽돌의 품질 및 규격

소성이 잘된 벽돌, 압축 강도가 흡수율이 작은 벽돌

▣ **KSL 4201 점토벽돌**

시험항목		기준(1종)		
치 수	치수(mm)	190	90	57
	허용치(mm)	±5.0	±3.0	±2.5
흡수율	24시간 수중침지법	10% 이하		
압축강도	24.50MPa(210kgf/cm^2)			

⊡ **콘크리트벽돌 성능평가기준**

구 분	기건비중	압축강도(N/mm^2)	흡수율(%)
1종(내력구조 또는 옥외)	필요시 이해당사자 간 합의에 의하여 측정	13 이상	7 이하
2종(비내력구조 또는 옥내)		8 이상	13 이하
겉모양 치수 (mm)	길이: 190	높이: 57	두께: 90
	• 허용 오차: ±2.0 • 균일하고 비틀림, 해로운 균열 홈 등이 없어야 한다.		

2. 벽돌벽쌓기

(1) 벽체 두께 표시

0.5B	1.0B	1.5B	2.0B
90mm	190mm	290mm	390mm

(2) 벽쌓기 방식

영국식쌓기	① 내력벽에 사용한다. ② 벽의 끝이나 모서리 부분에 반절 또는 이오토막 사용한다. ③ 통줄눈이 잘 생기지 않아 벽체의 강성이 가장 우수하다.
네델란드(화란)식 쌓기	① 내력벽, 벽의 끝이나 모서리 부분에는 칠오토막 사용한다. ② 벽체의 모서리 강성이 크다. 비경제적이다.
프랑스식(불식)쌓기	① 내력벽(×), 같은 켜에 길이와 마구리를 번갈아 쌓는다. ② 통줄눈이 많이 생긴다.
미국식쌓기	뒷면은 영국식쌓기, 앞면은 5켜 정도 길이쌓기를 한 후, 다음 한 켜는 마구리쌓기를 한다.

(3) 내쌓기: 벽체에 마루를 놓거나 방화벽으로 처마를 가리기 위해 사용한다.

① 마구리쌓기로 한다.

② **한 켜**: 1/8B, **두 켜**: 1/4B, 맨 위는 2켜 내쌓기로 한다.

> 1. 영롱쌓기: 영롱쌓기는 벽돌벽에 구멍을 내어 쌓는 방식
> 2. 엇모쌓기: 엇모쌓기는 벽돌을 45° 각도로 모서리가 면에 나오도록 쌓는 방식

⑷ **기초쌓기**

① 소성이 잘된 벽돌 사용

② 줄기초

③ 지면 위 방습층 설치

④ **맨 밑의 너비**: 2t(t : 벽체두께), 넓히는 경사 60°

⑤ **기초판 두께**: 기초판 너비의 1/3

⑸ **공간쌓기**

① 주목적은 방습이며 방음과 단열효과를 얻을 수 있다.

② 벽체 두께는 최소 0.5B 이상 특별히 정한 바가 없을 때는 바깥쪽을 주벽체로 한다.

③ 공간 폭은 0.5B 이내, 보통 50~70mm 정도

④ 연결재의 배치 및 거리 간격의 최대 수직거리는 400mm를 초과해서는 안 되고, 최대 수평거리는 900mm를 초과해서는 안 된다. 연결재는 위, 아래층 것이 서로 엇갈리게 배치한다.

⑤ 공간쌓기를 할 때에는 모르타르가 공간에 떨어지지 않도록 주의하여 쌓는다.

⑹ **아치쌓기**: 상부에서 오는 수직압력이 아치의 축선에 따라 직압력만으로 전달되게 하고, 부재하부에 인장력이 생기지 않게 한 구조

① 아치쌓기는 그 축선에 따라 미리 벽돌나누기를 하고 아치의 어깨에서부터 좌우 대칭형으로 균등하게 쌓는다.

② 작은 개구부일지라도 아치를 트는 것이 원칙

③ 개구부 너비 1m 이하일 때 수평아치

④ 개구부 너비 1.8m 이상일 때 인방보(철근콘크리트·철제보) 설치(200mm 이상 물림)

> 아치쌓기 종류
> 1. 본 아치 : 아치벽돌을 사다리꼴 모양으로 주문제작한 것을 사용한 아치이다.
> 2. 막만든 아치 : 보통벽돌을 쐐기 모양(아치벽돌처럼)으로 다듬어쌓는 아치이다.
> 3. 거친 아치 : 보통벽돌을 쓰고, 줄눈을 쐐기 모양으로 만든 아치이다.
> 4. 층두리 아치 : 아치너비가 클 때에 아치를 층을 지어 겹으로 둘러 튼 아치이다.

⑺ **창문틀 세우기**: 먼저 세우기 원칙

창대쌓기는 창대 벽돌은 윗면을 15° 정도 경사지게 옆세워 쌓아 물 흐름이 좋게 한다.

⑻ **인방보 공사**

① 인방보는 도면 또는 공사시방서에 정하는 바에 따라 현장타설 콘크리트 부어넣기 또는 기성 콘크리트 부재로 한다.

② 인방보는 양 끝을 벽체의 블록에 200mm 이상 걸치고, 또한 위에서 오는 하중을 전달할 충분한 길이로 한다.

⑼ **홈파기** : 가로홈이 세로홈보다 구조내력상 더 불리하다.

3. 벽돌벽쌓기 주의사항

① 모르타르의 강도는 벽돌의 강도보다 작으면 안 된다.

② 굳기 시작한 모르타르는 사용하지 않는다.

③ 가로 및 세로줄눈의 너비는 도면 또는 공사시방서에 정한 바가 없을 때에는 10mm 표준, 통줄눈이 되지 않게 쌓는다.

④ 벽돌쌓기는 도면 또는 공사시방서에서 정한 바가 없을 때에는 영식쌓기 또는 화란식쌓기로 한다.

⑤ 벽돌은 각부를 가급적 동인한 높이로 쌓아 올라가고, 벽면의 일부 또는 국부적으로 높게 쌓지 않는다.

⑥ 하루 벽돌 쌓는 높이는 1.2m(18켜) 표준, 최대 1.5m(22켜) 이하로 한다.

⑦ 연속되는 벽면의 일부를 트이게 하여 나중쌓기로 할 때에는 그 부분을 층단 들여쌓기로 한다.

⑧ 직각으로 오는 벽체의 한편을 나중 쌓을 때에도 층단 들여쌓기로 하는 것을 원칙으로 하지만 부득이할 때에는 담당원의 승인을 받아 켜걸음 들여쌓기로 하거나 이음보강철물을 사용한다. 먼저 쌓은 벽돌이 움직일 때에는 이를 철거하고 청소한 후 다시 쌓는다. 물려 쌓을 때에는 이 부분의 모르타르는 빈틈없이 다져 넣고 사춤 모르타르도 매 켜마다 충분히 부어넣는다.

⑨ 벽돌벽이 블록벽과 서로 직각으로 만날 때에는 연결 철물을 만들어 블록 3단마다 보강하여 쌓는다.

⑩ 벽돌벽이 콘크리트 기둥(벽)이나 슬래브 하부면과 만날 때는 그 사이에 모르타르를 충전한다.

⑪ 볼트, 꺾쇠 및 철물 등이 모르타르에 묻히지 아니하는 부분에는 도면이나 공사시방서 또는 담당원이 지시하는 녹막이도장을 한다.

⑫ 나무벽돌은 도면 또는 공사시방서에서 정한 바에 따라 묻을 위치를 정하고, 수직 및 수평줄눈을 바르고 간격을 일정히 하여 묻어 쌓는다.

4. 기타 벽돌공사

(1) 한중공사

① 조적조의 모르타르층에 눈이나 얼음이 생겼을 경우, 조적조의 상단이 건조하게 될 때까지 열을 조심스럽게 가해서 녹여야 한다. 얼었거나 파손되었다고 생각되는 조적조의 단부는 그 부분의 공사가 재개되기 전에 제거하여야 한다.

② 쌓을 때의 조적체는 반드시 건조상태이어야 한다. 젖었거나 얼어붙은 조적체를 쌓아서는 안 된다.

(2) 보강벽돌쌓기

① 종근은 기초까지 정착되도록 콘크리트 타설 전에 배근한다.

② 벽돌의 1일쌓기 높이는 1.5m 이하로 한다.

5. 벽돌벽 균열의 원인

(1) 설계상의 원인

① 기초의 부동침하

② 건물의 평면, 입면의 불균형 및 벽의 불합리한 배치

③ 큰 집중하중과 횡력 및 충격을 받게 설계된 부분

④ 벽돌벽의 길이, 높이, 두께와 벽돌 벽체의 강도 부족

⑤ 개구부 크기의 불합리 및 불균형 배치

(2) 시공상의 원인

① 벽돌 및 모르타르의 강도 부족과 신축

② 벽돌벽의 부분적 시공 결함

③ 이질재와의 접합부

④ 모르타르의 들뜸

⑤ 장막벽 상부의 모르타르 다져 넣기 부족

6. 벽돌의 신축줄눈

벽돌 또는 벽돌이 접하는 구체의 팽창 및 수축에 따른 균열 등의 손상이 발생되지 않도록 미리 설치하여 탄력성을 갖게 한 줄눈이다.

구 분	수직 신축줄눈
설치 위치	① 벽 높이가 변하는 곳 ② 벽 두께가 변하는 곳 ③ L, T, U형 건물에 있어서 벽 교차부근처(모서리에서 1.8~3.0m 떨어진 곳) ④ 응력이 집중되는 곳 ⑤ 개구부의 가장자리

7. 백화현상

줄눈모르타르의 알칼리 성분 수산화칼슘[$Ca(OH)_2$]이 공기 중의 탄산가스(CO_2)와 결합하여 석회성분($CaCO_3$)으로 되어 벽 표면이 희게 나타는 현상이다.

(1) 예방법

① 잘 소성된 벽돌 사용

② 줄눈을 수밀하게 작업

③ 방수제를 혼합

④ 파라핀 도료로서 염류 발생 방지

⑤ 차양·돌림띠 등을 설치

⑥ 분말도가 큰 시멘트 사용

⑦ 조립률이 큰 모래 사용

(2) 제거방법

묽은 염산(염산 : 물 = 1 : 5~10)으로 세척 후 물로 씻어서 제거한다.

03 블록구조

⊞ 속빈 콘크리트 블록의 치수

시험항목	기 준		
겉모양	겉모양이 균일하고 비틀림, 해로운 균열 또는 홈이 없어야 한다.		
치수(mm)	길 이	높 이	두 께
	390	190	210, 190, 150, 100
허용오차	±2		
압축강도(C종)	전단면 $8N/mm^2$ 이상		
흡수율	10% 이하(24시간 수중침지법)		
투수성	$10m/\ell m^3 - h$		
이형 블록	깊이, 높이 및 두께의 최소 크기를 90mm 이상으로 한다. 또 가로근 삽입 블록, 모서리 블록과 기본 블록과 동일한 크기인 것의 치수 및 허용치는 기본 블록에 따른다.		

(1) 시멘트 블록조의 종류

① 조적식 블록조
② 블록 장막벽
③ 보강 블록조
④ 거푸집 블록조

(2) 벽량(m/m^2)

① 유효한 내력벽 길이의 합계(X, Y 방향)를 당해 바닥면적(m^2)으로 나눈 값
② 내력벽 벽량은 $0.15m/m^2$ 이상으로 한다.
③ 벽량이 커야 횡력에 강하다.
④ 유효한 내력벽의 길이는 55cm 이상, 좌우측 창문 평균 높이의 30% 이상으로 한다.

> 건축공사표준시방서
> 1. 블록 보강용 철망은 #8~#10 철선을 가스압접 또는 용접한 것을 사용하고, 그 형상, 치수, 기타는 도면 또는 공사시방서에 따른다.
> 2. 도면 또는 공사시방서에서 정한 바가 없을 때에는 철선은 #10로 한다.
> 3. 블록의 적재 높이는 1.6m를 한계로 하며, 바닥판 위에 임시로 쌓을 때는 1개소에 집중하지 않도록 한다. 야적시의 블록은 흙 등으로 오염되지 않도록 하고, 또한 우수를 흡수하지 않도록 저장한다.

4. 시멘트는 우수 및 습기에 영향을 받지 않도록 저장하며, 적재높이는 13포대를 한계로 하며 검사가 용이하도록 적재한다.

5. 블록을 쌓은 후는 어떠한 때라도 이동시켜서는 안 된다. 또한 줄눈 모르타르 및 사춤 모르타르, 그라우트는 충분히 경화될 때까지 충격 및 기타 하중을 주지 않도록 주의한다.

6. 블록을 쌓을 때에 기온이 2℃ 이하로 내려가거나 그 우려가 있을 때에는 쌓아 올림 켜수(단수), 기타 필요한 사항에 대하여 담당원의 지시를 받아야 한다.

7. 기온이 4℃ 이하일 때는 모르타르나 그라우트의 온도가 4℃ 이상 49℃ 이하가 되도록 골재 및 물을 데운다. 비빔판 위의 모르타르 온도는 동결온도보다 높게 해야 한다.

8. 단순조적블록공사에서 줄눈은 도면 또는 공사시방서에서 정한 바가 없을 때에는 가로 및 세로 각각 10mm를 표준으로 한다.

9. 줄기초, 연결보 및 바닥판, 기타 블록을 쌓는 밑바탕은 정리 및 청소를 하고 물축임을 한다.

10. 블록에 붙은 흙, 먼지, 기타 더러운 것은 제거하고 모르타르 접착면은 적당히 물로 축여 모르타르의 경화수가 부족하지 않도록 한다.

11. 모르타르나 그라우트의 비빔시간은 기계믹서를 사용하는 경우 최소 5분 동안 비벼야 하며, 원하는 시공연도가 되도록 한다. 모르타르가 소량일 경우에는 손비빔을 할 수 있다. 모르타르나 그라우트의 비빔은 기계비빔을 원칙으로 한다.

12. 최초 물을 가해 비빈 후 모르타르는 2시간, 그라우트는 1시간을 초과하지 않은 것은 다시 비벼 쓸 수 있다. 그러나 반죽한 것은 될 수 있는 한 빨리 사용하고 물을 부어 반죽한 모르타르가 굳기 시작한 것은 사용하지 않는다. 굳기 시작한 모르타르에 물을 부어 되비빔하는 것은 금한다.

13. 단순조적 블록쌓기의 세로줄눈은 도면 또는 공사시방서에서 정한 바가 없을 때에는 막힌 줄눈으로 한다.

14. 살두께가 큰 편을 위로 하여 쌓는다.

15. 하루의 쌓기 높이는 1.5m(블록 7켜 정도) 이내를 표준으로 한다.

16. 줄눈모르타르는 쌓은 후 줄눈누르기 및 줄눈파기를 한다.

17. 특별한 지장이 없으면 줄눈은 10mm가 되게 한다. 치장줄눈을 할 때에는 흙손을 사용하여 줄눈이 완전히 굳기 전에 줄눈파기를 한다.

18. 모르타르 또는 그라우트를 사춤하는 높이는 블록 3켜 이내로서 담당원의 지시에 따른다. 하루 작업종료시 세로줄눈 공동부에 모르타르 또는 그라우트의 타설높이는 블록의 상단에서 약 50mm 아래에 둔다.

19. 인방블록은 가설틀을 설치하고, 그 위에 쌓는다. 인방블록면은 수평이 되게 하고, 턱지지 않게 한다.

20. 인방블록은 창문틀의 좌우 옆 턱에 200mm 이상 물리고, 도면 또는 공사시방서에서 정한 바가 없을 때에는 400mm 정도로 한다.

21. 인방보의 양 끝을 벽체의 블록에 200mm 이상 걸치고, 또한 위에서 오는 하중을 전달할 충분한 길이로 한다. 인방보 상부의 벽은 균열이 생기지 않도록 주변의 벽과 강하게 연결되도록 철근이나 블록 메시로 보강연결하거나 인방보 좌우단 상향으로 컨트롤 조인트를 둔다.

22. 보강 블록공사에서 콘크리트용 블록은 물축임하지 않는다.

23. 보강 블록조와 라멘구조가 접하는 부분은 보강 블록조를 먼저 쌓고 라멘구조를 나중에 시공한다.

> ALC블록 공사에서 이 시방은 건축물의 내·외벽에 사용되는 고온고압 증기양생한 경량기포 콘크리트 블록(Autoclaved Lightweight Aerated Concrete Block)을 건축물 또는 공작물 등의 외벽, 칸막이벽 등으로 사용하는 공사 및 부속 재료에 관한 품질, 보관 및 시공 기준 등에 대해 적용한다.
> ① 지표면 이하에는 블록을 사용하지 않는 것을 원칙으로 하며, 부득이하게 흙에 접하거나 부분적으로 지표면 이하로 매설될 경우에는 반드시 표면처리제 등으로 방수되도록 마감하여야 한다.
> ② 블록은 각 부분이 가급적 균등한 높이로 쌓아가며, 하루쌓기 높이는 1.8m를 표준으로 하고, 최대 2.4m 이내로 한다. 벽체길이가 긴 경우는 담당원과 협의한 후 적정 조치를 취한 후 쌓기를 한다.
> ③ 신축줄눈을 통한 열손실 방지, 방음성능 및 내화성능 확보가 요구될 경우에는 암면 등의 광물섬유를 채워 넣고 실란트 또는 내화용 줄눈재로 충전한다.

04 돌구조

1. 석재의 종류와 용도

화강암	압축강도↑(구조재)	광택↑(장식재)	열에 약(내화재×)
대리석			산과 열에 약(외장재×) 풍화가 되기 쉽다.
안산암		장식재×	—
사 암	내수성⇩, 내화성↑		
응회암	내화성↑, 경량골재, 채색·가공		
점판암	지붕재료, 온돌의 구들장		

2. 표면 마무리

(1) 순 서

> 마름돌(원석) ⇨ 메다듬 ⇨ 정다듬 ⇨ 도드락다듬 ⇨ 잔다듬 ⇨ 물갈기

(2) 특수가공법

① **모래분사법**(Sand Blasting) : 고압공기의 압력을 이용하여 석재면을 다듬는 방법

② **화염분사법**(Burner Finish, 버너마감) : 버너의 고열로 석재면을 달군 후 급냉시켜 석재면의 얇은 껍질을 벗겨 면을 다듬는 방법

③ **플래너 피니시**(Planner Finish) : 철판을 깎는 기계로서 돌표면을 대패질 하듯 훑어서 평탄하게 마무리하는 방법으로 잔다듬 대신으로 사용하는 경우가 많다.

(3) 석재의 설치 공법에 따른 분류

습식공법	전체 모르타르 주입공법, 부분 모르타르 주입공법
건식공법	① 앵커긴결공법 : 내구성이 있는 스테인레스, 아연도금강재, 연결철물에 녹막이 방청처리, 석재의 하부에는 지지용, 상부에는 고정용을 사용[연결철물(Fastener)] ② 강재 트러스 지지공법 : 미리 조립된 강재 트러스에 여러 장의 석재를 지상에서 짜맞춘 후 현장에서 설치하는 공법 ③ 화강석 선부착 PC판공법 : 콘크리트 공사와 병행 시공을 통한 공기단축이 가능한 공법이다.

> 앵커긴결 돌붙임 공법과 긴결재(Fastener)의 시공시 주의사항
> 1. 꽂임촉 둘레의 파단에 주의하여 석재의 두께 및 크기를 결정한다.
> 2. 갈라지기 쉬운 석재는 꽂임촉 주위에 합성수지를 주입한다.
> 3. 긴결철물은 합금재를 사용하거나 녹막이 방청처리를 한다.
> 4. 석재 하부의 것은 지지용, 상부의 것은 고정용으로 사용한다.
> 5. 줄눈의 크기는 조정판 두께보다 2mm 이상 크게 한다.

06 지붕공사

Chapter

---

01 지붕의 물매

1. 일반 원칙

구 분	적설량 (강우량)	지붕 면적	재붕 재료	
			내수성	크 기
되다(급경사)	大		小	
뜨다(완경사)	小		大	

☝ 된물매 > 45°, 되물매 = 45°, 뜬물매 < 45°

물매 종류	내 용
되물매	45° 경사의 물매
된물매	45° 경사보다 큰 물매
평물매	45° 경사보다 작을 때의 물매로 수평길이보다 높이가 작을 때의 물매
반물매	평물매의 1/2의 물매
귀물매	지붕틀 추녀의 물매로 일반 지붕면의 물매(평물매)를 a라 할 때 귀물매는 $a/\sqrt{a}\,(= 0.7 \times a)$이다.

2. 물매의 최소한도

> 지붕의 경사(물매) : 지붕 구조에서 수평 방향에 대한 높이의 비
> 1. 평지붕 : 지붕의 경사가 1/6 이하인 지붕
> 2. 완경사 지붕 : 지붕의 경사가 1/6에서 1/4 미만인 지붕
> 3. 일반 경사 지붕 : 지붕의 경사가 1/4에서 3/4 미만인 지붕
> 4. 급경사 지붕 : 지붕의 경사가 3/4 이상인 지붕

3. 지붕의 경사(물매)

지붕의 경사는 설계도면에 지정한 바에 따르되 별도로 지정한 바가 없으면 1/50 이상으로 한다.

지붕의 경사	지붕의 종류
1/2 이상	평잇기 금속지붕
1/3 이상	기와지붕 및 아스팔트 싱글(단, 강풍 지역인 경우에는 1/3 미만으로 할 수 있음)
1/4 이상	① 금속 기와, 금속판 지붕 : 일반적인 금속판 및 금속패널 지붕 ② 금속 절판(단, 금속지붕 제조업자가 보증하는 경우 : 1/50 이상)
1/50 이상	① 합성고분자 시트지붕, 아스팔트 지붕 ② 폼 스프레이 단열지붕

02 한식지붕

① **박공지붕** : 양쪽 방향으로 경사진 지붕 형태를 가진다.
② **모임지붕**(우진각지붕) : 네 면에 모두 지붕면이 만들어진 형태로 전·후면에서 볼 때는 사다리꼴 모양이고 양측면에서 볼 때는 삼각형의 지붕형태이다.
③ **합각지붕**(팔작지붕) : 우진각지붕 위에 맞배지붕을 올려놓은 것과 같은 형태의 지붕이다.

03 홈통공사

① **처마홈통** : 처마 끝에 댄 홈통
② **깔때기홈통** : 처마홈통에서 선홈통을 연결하는 것으로 약 15° 정도 경사지게 하여 장식통을 댈 수 있게 한다.
③ **장식홈통** : 선홈통 상부에 설치되어 우수방향을 돌리고, 집수 등에 따른 넘쳐흐름을 방지하며, 장식적인 역할을 한다.
④ **선홈통** : 처마홈통에서 내려오는 빗물을 지상으로 유도하는 수직홈통
⑤ **누인홈통** : 위(상부)층 선홈통의 빗물을 받아 아래(하부)층 지붕의 처마홈통이나 선홈통에 넘겨주는 홈통을 말한다.
⑥ **지붕골홈통** : 두 개의 지붕면이 만나는 자리 또는 지붕면과 벽면이 만나는 수평 지붕골에 쓰이는 홈통을 말한다.

건축공사표준시방서
홈통 시공
(1) 처마홈통
① 처마홈통 제작시의 단위 길이는 2,400~3,000mm 이내로 제작 설치한다. 이음부의 겹침폭은 25mm 이상으로 경사 방향에 위치한 부재의 이음부가 아래에 위치하도록 설치한다.
② 처마홈통의 양단 및 신축 이음 간의 최장 길이는 15m 이내로 제작한다.
③ 처마홈통의 외단부의 높이는 처마쪽 처마홈통의 높이보다 최소 25mm 또는 처마홈통 최대폭의 1/12 중 큰 치수 이상으로 높이가 낮게 제작한다.
④ 경사 지붕의 처마홈통의 바깥쪽 상단부의 높이는 지붕 경사의 연장선과 일치하도록 제작하며 지붕의 경사면을 자연적으로 흘러내리는 빗물이 유속으로 인하여 처마홈통의 외부로 넘치지 않도록 제작, 설치한다.
⑤ 처마홈통의 폭은 최소 100mm 이상으로 제작하고 폭(최대폭)과 깊이의 비례는 최소 4(폭) : 3(깊이)의 비례로 제작한다.
⑥ 처마홈통의 신축이음은 매 15m 간격으로 설치하고 연속적인 외관을 위하여 신축이음 사이의 공간은 처마홈통과 동일한 재료를 사용하여 밀봉한다.
⑦ 처마홈통의 경사는 선홈통쪽으로 원활한 배수가 되도록 충분한 경사를 갖도록 제작한다.
⑧ 처마홈통의 이음부는 겹침 부분이 최소 30mm 이상 겹치도록 제작하고 연결 철물은 최대 50mm 이하의 간격으로 설치, 고정한다.

(2) 선홈통 설치
① 선홈통걸이는 제조업체의 표준제품을 사용한다.
② 홈통걸이의 종류 및 규격은 설계도면에 지정한 바에 따른다.
③ 선홈통의 최장 길이는 3,000mm 이하로 제작 설치한다.
④ 선홈통의 끝단은 길이 방향으로 최소 15mm 이상 끼워 잠글 수 있는 구조로 제작 설치한다.
⑤ 선홈통의 모든 배출구에는 탈착형 철망 여과기를 설치한다.
⑥ 선홈통과 벽면 사이에 이격거리는 최소 30mm 이상의 간격을 유지한다.
⑦ 선홈통걸이의 설치는 상단과 하단에서 거리 200mm 정도 되는 위치에 설치하고 그 중간에는 1,500mm 정도의 간격으로 등거리가 유지되도록 설치한다.
⑧ 선홈통의 하단부 배수구는 45도 경사로 건물 바깥쪽을 향하게 설치한다.

(3) 우배수관 연결
① 선홈통의 하단부 배수구는 우배수관에 직접 연결되어 배수되도록 연결하고 연결부 사이의 빈틈은 시멘트 모르타르로 채운다. 상부의 노출면은 바깥쪽으로 경사진 깔때기 형태로 마감한다.
② 45도 이형관을 장착한 경우 상부 표면이 건물 바깥방향으로 경사진 콘크리트 물받이에 직접 낙수되도록 설치한다.

07 방수공사

Chapter

01 작업환경과 방수바탕

1. 작업환경

① 강우 및 강설 후 바탕이 아직 건조되지 않은 경우에는 방수시공을 하지 않는 것이 원칙이다.

② 기온이 5℃ 미만, 바탕이 동결되어 있어서 시공에 지장이 있다고 예상되는 경우에는 방수시공을 하지 않는 것이 원칙이다.

2. 방수바탕

(1) **물매와 배수**

노출방수 외에는 1/100 구배가 적당하다.

① **콘크리트 또는 블록 등의 누름층이 있는 경우**: 1/100~1/50

② **도장마감 또는 누름층이 없는 경우**: 1/50~1/20

(2) **바탕 형상**

① 오목모서리는 아스팔트 방수층의 경우에는 삼각형으로, 아스팔트 외의 방수층은 직각으로 면처리되어 있어야 한다.

② 볼록모서리는 각이 없이 완만하게 면처리되어 있어야 한다.

(3) **드레인, 관통파이프 등 돌출물 주변의 상태**

① 드레인은 RC 또는 PC의 콘크리트 타설 전에 거푸집에 고정시켜 콘크리트에 매립하는 것을 원칙으로 한다.

② 드레인 설치시에는 드레인 몸체의 높이를 주변 콘크리트 표면보다 약 30mm 정도 내리고, RC 또는 PC의 콘크리트 타설시 반경 300mm를 전후하여 드레인을 향해 경사지게 물매를 두고 표면 고르기 한다.

③ 드레인은 기본 2개 이상 설치한다. 설계도서 및 공사시방서 등에 특별한 지시가 없는 경우에는 6m 간격으로 설치하는 것을 권장한다.

④ 관통파이프와 바탕이 접하는 부분은 폴리머 시멘트 모르타르나 실링재 등으로 수밀하게 처리되어 있어야 한다.

⑤ 관통파이프 또는 기타 돌출물이 방수층을 관통할 경우 동질의 방수재료(보수면적 100 × 100mm) 또는 실링재 또는 고점도 겔(Gel)타입 도막재 등으로 수밀하게 처리하여야 한다.

02 재료에 따른 방수공사(멤브레인 방수)

1. 아스팔트 방수

(1) 용융 아스팔트를 접착제로 하여 아스팔트 펠트 및 루핑 등 방수 시트를 적층하여 연속적인 방수층을 형성하는 공법이다.

(2) 아스팔트 방수는 결함부 발견이 어렵고, 작업시 악취가 발생한다.

① 아스팔트 프라이머(바탕면과 아스팔트와의 부착력 증대)를 솔칠 또는 뿜칠

② 아스팔트는 접착력 저하방지를 위하여 200℃ 이하가 되지 않도록 한다.

③ 옥상방수용 아스팔트는 침입도가 크고(20~30), 연화점이 높은 것(75℃ 이상)을 사용한다.

> 침입도와 연화점
> 1. 침입도 : 아스팔트의 양·부 판별에 가장 중요. 아스팔트의 경도를 나타낸다.
> 2. 연화점 : 일반적으로 연화점과 침입도는 반비례. 추운 지역에선 저연화점 재료, 더운 지역은 고연화점 재료 사용

④ 방수지의 치켜올림 높이는 300mm 이상, 겹침은 100mm 정도로 한다.

(3) 볼록, 오목모서리의 부분은 일반평면부 루핑을 붙이기 전에 폭 300mm 정도의 스트레치 루핑을 사용하여 균등하게 붙인다.

(4) 일반평면부의 루핑은 흘려 붙임으로 한다.

(5) 루핑은 원칙적으로 물흐름을 고려하여 물매의 아래쪽으로부터 위를 향해 붙이고, 또한 상·하층의 겹침 위치가 동일하지 않도록 붙인다. 어쩔 수 없이 물매의 위쪽에서 아래로 붙일 경우에는 루핑의 겹침폭을 150mm로 한다.

(6) 치켜올림부의 루핑을 평면부와 별도로 하여 붙이는 경우 평면부 루핑을 붙인 후 그 위에 150mm 정도의 겹침폭을 두고 붙인다. 단, 모래 붙은 스트레치 루핑의 경우에는 치켜올림부를 먼저 붙이고 평면부의 스트레치 루핑을 겹침폭 150mm로 하여 붙인다.

(7) 치켜올림부의 루핑은 각층 루핑의 끝이 같은 위치에 오도록 하여 붙인 후, 방수층의 상단 끝 부분을 누름철물로 고정하여 고무 아스팔트계 실링재로 처리한다.

(8) 절연용 시트는 방수층 완성 후 검사가 끝난 다음, 겹침폭 100mm 정도로 하여 깔고, 접착테이프 또는 기타 테이프로 고정시킨다.

(9) **지붕 방수층 보호 및 마감**

　① 신축줄눈은 너비 20mm 정도, 간격 3m 내외(단, 난간벽 주위는 0.6m 내외의 적당한 위치), 깊이는 보호층의 밑면에 닿도록 구획

　② 줄눈재의 고정은 빈배합(1 : 3) 시멘트모르타르 사용이 원칙

(10) **현장타설 콘크리트**(실내의 공법)

　① 옥상의 공법에 준하며, 신축줄눈은 설치하지 않는다.

　② 신축줄눈을 설치할 경우에는 KS F 9004 및 공사시방에 의한다.

2. 시트 방수

(1) 시트 1장으로 방수 효과를 내는 공법(접합부의 처리가 중요)으로 시트재료는 신축성이 좋고 강도가 크며, 바탕의 변동에 대한 적응성을 갖춘 합성고무계 플라스틱 시트를 사용한다.

　① 상온시공이 용이하다.

　② 아스팔트 방수보다 공사기간이 짧다.

　③ 바탕돌기에 의한 시트의 손상이 우려된다.

　④ 아스팔트 방수보다 신축성이 커서 바탕균열저항성이 크고 경제적이다.

　⑤ 열을 사용하지 않는 시공이 가능하다.

　　🔖 **주의사항**
　　시트의 접합부는 원칙적으로 물매 위쪽의 시트가 물매 아래쪽 시트의 위에 오도록 겹친다.

(2) **시공방법에 따른 분류**: 접착공법, 금속고정공법, 자착식공법

> 시공순서
> 아스바탕면처리 ⇨ 프라이머 도포 ⇨ 접착제 도포 ⇨ 방수 취약부위 보강 ⇨ 시트
> 부착 ⇨ 마감도료 도장(탑 코팅)

3. 개량아스팔트 시트 방수(1~2겹)

(1) 개량아스팔트 시트의 밑부분을 토치버너로 가열용융시켜, 이를 접착제로 이용하여 시트를 바탕면에 부착하는 공법

(2) 아스팔트 방수와 시트 방수의 각 장점만을 취한 아스팔트, 시트 방수의 개선공법

> 시공순서
> 바탕면처리 ⇨ 프라이머 도포 ⇨ 시트부착(시트 이면과 바탕면을 균일하게 토치로
> 가열, 겹침 폭: 길이방향 200mm, 폭 방향 100mm 이상) ⇨ 보호누름 또는 마감도료
> 도장(탑 코팅)

4. 도막 방수

(1) 방수용으로 제조된 우레탄고무, 아크릴고무, 고무아스팔트 등의 액상형 재료를 소정의 두께가 될 때까지 바탕면에 여러 번 도포하여, 이음매가 없는 연속적인 방수층을 형성하는 공법

① 곡면이 많은 지붕도 시공이 용이하다(도막 방수는 복잡한 형상에서 시공이 용이).

② 도막 방수는 뿜칠기로 시공하면 능률이 좋으며 수직부분의 시공이 용이하다.

③ 아스팔트 방수나 시트 방수는 복잡한 형상은 시공이 곤란하다.

④ 도막 방수는 고른 바탕면이 필요하다.

⑤ 도막 방수는 균일한 두께의 도포가 곤란하다.

⑥ 도막 방수층 균열의 염려가 적다(단, 방수층이 얇기 때문에 바탕체 균열에 의한 파단 우려).

⑦ 핀홀의 우려가 있다.

⑧ 착색이 자유롭다.

      ㉠ 코팅공법: 방수제를 단순히 도포만 하는 것

      ㉡ 라이닝공법: 보강포를 적층하여 도포하는 것

(2) **도막 방수 시방기준**

　① 5℃ 이하 시공을 금지한다.

　② 2액형 도막방수제는 시공 중, 혼합 후 점도조절을 목적으로 용제를 첨가해서는 안 된다.

(3) **보강포 붙이기**

　① 보강포 붙이기는 치켜올림부·오목모서리·볼록모서리·드레인 주변 및 돌출부 주위에서부터 시작한다.

　② 보강포는 밑바탕에 잘 붙여 주름이나 구김살이 생기지 않도록 방수재 또는 접착제로 붙인다.

　③ 보강포의 겹침폭은 50mm 정도로 한다.

(4) **방수재의 도포**

　① 방수재는 핀홀이 생기지 않도록 솔, 고무주걱 및 뿜칠기구 등으로 균일하게 치켜올림 부위와 평면부의 순서로 도포한다.

　② 치켜올림 부위를 도포한 다음, 평면 부위의 순서로 도포한다.

　③ 보강포 위에 도포하는 경우, 침투하지 않은 부분이 생기지 않도록 주의하면서 도포한다.

　④ 방수재의 겹쳐바르기는 원칙적으로 앞 공정에서의 겹쳐바르기 위치와 동일한 위치에서 하지 않으며, 도포방향은 앞 공정에서의 도포방향과 직교하여 실시하며, 겹쳐바르기 또는 이어바르기의 폭은 100mm 내외로 한다.

　⑤ 겹쳐바르기 또는 이어바르기의 시간간격은 방수재 제조자의 지정에 따른다. 또한, 겹쳐바르기 또는 이어바르기의 시간간격을 초과한 경우, 프라이머를 도포하고 건조를 기다려 겹쳐바르기 또는 이어바르기를 한다.

　⑥ 고무 아스팔트계 도막방수재의 외벽에 대한 스프레이 시공은 위에서부터 아래의 순서로 실시한다.

03 시멘트 모르타르계 방수공법

1. 개 요

① 시멘트 모르타르에 방수제를 혼합하여 모르타르 자체에서 방수성을 발휘하는 공법

② 시멘트 모르타르계 방수의 방수제로는 무기질계, 유기질계, 폴리머계 등이 있다.

③ 방수 시공 전 바탕면의 결함부는 보수하고, 들뜸이 발생하지 않도록 물청소 등으로 이물질을 제거한다.

④ 시멘트 모르타르 방수는 자체 신축력이 없기 때문에 모체의 거동을 추종하지 못하고 파단, 들뜸, 탈락이 쉽게 발생한다.

⑤ 실내방수의 누수는 욕실의 매입 배관 주위, 발코니 등은 난간턱의 이어치기 부위 등으로 취약 부위는 탄성 도막 방수로 덧발라 보강조치한다.

⑥ 폴리머 시멘트 모르타르 방수는 시멘트 액체 방수와는 달리 탄성을 가진 유기질의 고분자 성분을 포함하고 있기 때문에 건조수축 등의 영향을 크게 받지 않으며, 자체 강도가 높다.

⑦ 지붕 슬래브, 실내 바닥 등의 방수바탕은 1/100~1/50의 물매로 한다.

⑧ 양생시 재령 초기에는 충격 및 진동 등의 영향을 주지 않도록 한다.

⑨ 바탕처리에 있어서 오목모서리는 직각으로 면처리하고, 볼록모서리는 완만하게 면처리한다.

⑩ 물은 청정하고 유해 함유량의 염분, 철분, 이온 및 유기물 등이 포함되지 않은 깨끗한 물을 사용한다.

⑪ 방수층 시공 전에 곰보, 콜드조인트, 이음 타설부, 균열, 콘크리트 표면의 취약부 등은 실링재 또는 폴리머 시멘트 모르타르 등으로 방수처리하여 둔다.

2. 시멘트 액체 방수

① 방수시멘트 모르타르의 비빔 후 사용 가능한 시간은 20℃에서 45분 정도가 적정하며, 그 외에는 방수제 제조자의 지정에 따른다.

② 치켜올림 부위에는 미리 방수시멘트 페이스트를 바르고, 그 위를 100mm 이상의 겹침 폭을 두고 평면부와 치켜올림부를 바른다.

③ 직사일광이나 바람, 고온 등에 의한 급속한 건조가 예상되는 경우에는 살수 또는 시트 등으로 보호하여 양생한다.

④ 특히 재령의 초기에는 충격 및 진동 등의 영향을 받지 않도록 한다.

⑤ 저온에 의한 동결이 예상되는 경우에는 보온 또는 시트 등으로 보호하여 양생한다.

시멘트 액체 방수층의 품질

보조재료	용 도
지수제	바탕 결함부로부터의 누수를 막기 위하여 사용한다. 시멘트에 혼화하는 액체형, 물과 혼련하는 분체형 및 가수분해하는 폴리머 등이 있다.
접착제	바탕과의 접착 효과 및 물적 시기 효과를 증진시키기 위하여 사용하며, 고형분 15% 이상의 재유화형 에멀션으로 한다.
방동제	한랭시의 시공시, 방수층의 동해를 방지할 목적으로 사용한다.
보수제	보수성 향상과 작업성 향상을 목적으로 사용한다.
경화촉진제	공기단축을 위하여 경화를 촉진시킬 목적으로 사용한다.
실링재	바탕의 균열부 충전 및 접합철물 주위를 실링할 목적으로 사용, KS F 4910에 적합한 것을 사용한다.

04 기타 방수

① **벤토나이트 방수**: 지하외벽 방수 등에 사용된다.
② **무기질탄성도막 방수**: 특수시멘트를 주원료로 폴리머 분산제를 혼합한 무기질계로 시멘트계 바탕면과 접촉성이 좋고 통기성이 있어 Air Pocket 현상의 우려가 적으며, 바탕면 습윤 상태에서도 시공이 용이하다.
③ **침투 방수**(규산질계 분말형 도포 방수): 유기질계 또는 무기질계 재료를 도포하여 콘크리트와 모르타르의 공극에 침투시켜 바탕재의 방수성을 향상시킨 공법이다.
　㉠ 밀실한 콘크리트 구조체가 필수, 구조적 균열이 없어야 한다.
　㉡ 방수 전 결함부의 확실한 보수를 반드시 실시한다.

05 담수시험

담수시험을 2일간 정도 누수 여부를 확인. 필요에 따라서는 치켜올림 높이까지 물을 채우고, 누수 여부를 2일 정도 더 확인할 수도 있다.

06 지하실 방수

구 분	바깥방수	안방수
사용장소	수압과 관계없음	수압이 작은 곳
공사용이성	시공 복잡	시공 간단
공사시기	본공사 하기 전	본공사 완료 후
경제성	비싸다.	저렴하다.
내수압처리	내수압적	수압에 견디기 곤란
보호누름	없어도 무방 ⊙ 되메우기시 손상이 우려되면 보호누름 실시	필요
방수층 처리	전혀 불가능	가능

⊙ 바깥방수 공사 시기 : 밑창콘크리트 타설 후

07 실링 방수

(1) 실(Seal)재의 조건

① 부재와의 접착성이 좋고 수밀성이 있을 것

② 조인트 부위의 변형에 추종할 수 있을 것

③ 불침투성 재료일 것

④ 내부 응집력 변화에 따른 내부 파괴가 없을 것

(2) 실링 방수의 작업금지 조건

① 강우, 강설시 또는 예상될 경우

② 피착체의 표면온도가 50℃ 이상, 기온 5℃ 이하 또는 30℃ 이상

③ 습도 85% 이상

(3) 실링재의 고장방지

① 워킹 조인트(거동이 큰 줄눈) : 2면 접착(3면 접착이 되지 않도록 백업제나 본드 브레이커를 사용)

② 논워킹 조인트 : 3면 접착

⑷ 시공순서

> 피착면의 청소 ⇨ 백업재의 충전 또는 본드 브레이커 바름 ⇨ 매스킹 테이프 바름 ⇨ 프라이머 도포 ⇨ 실링재의 충전 ⇨ 주걱마감 ⇨ 매스킹 테이프 제거 ⇨ 청소 ⇨ 양생

🔲 시공 관련 용어

백업(Back Up)재	① 발포폴리에틸렌이나 폴리우레탄의 원형 또는 사각형 제품 ② 실링재의 두께를 일정하게 유지하도록 일정한 깊이에 설치 ③ 당일 실링재 충전부위만 설치
본드 브레이커 (Bond Breaker)	실링재를 접착시키지 않기 위하여 줄눈 바닥에 붙이는 테이프형의 재료이다.
마스킹 테이프	① 실링재의 충전부위 이외에 오염방지 ② 줄눈면의 선 마무리 ③ 프라이머 도포 전, 정해진 위치에 곧게 설치

08 간접 방수

1. 종 류

① **이중벽** : 지하층 방습을 목적

② **드라이 에어리어** : 채광, 통풍, 환기의 효과

③ **방습층** : 습기나 수분 상승을 차단

2. 방습공사

🔲 방습공사 자재

① 박판시트계 방습재료	종이 적층 방습재료
	적층된 플라스틱 또는 종이 방습재료
	펠트, 아스팔트 필름 방습층
	플라스틱 금속박 방습재료
	금속박과 종이로 된 방습재료
	금속박과 비닐직물로 된 방습재료

	금속과 크라프트지로 된 방습재료
	보강된 플라스틱 필름 형태의 방습재료

② **아스팔트계 방습재료**

③ **시멘트 모르타르계 방습재료**

④ **신축성 시트계 방습재료**	비닐 필름 방습지
	폴리에틸렌 방습층
	교착성이 있는 플라스틱 아스팔트 방습층
	방습층 테이프

⑤ **기타 재료**

---

1. 일반사항
   ① 콘크리트, 블록 벽돌 등의 벽체가 지면에 접하는 곳은 지상 100~200mm 내외 위에 수평으로 방습층을 설치한다.
   ② 그 재료, 공법의 지정은 설계도서에 따르고, 공사시방에 정한 바가 없을 때는 방수 모르타르 바름(10~20mm)으로 한다.
      ⏚ 방수모르타르의 바름 두께 및 횟수는 정한 바가 없을 때 두께 15mm 내외의 1회 바름으로 한다.
2. 아스팔트 펠트, 아스팔트 루핑 등의 방습층
   ① 아스팔트 펠트, 아스팔트 루핑 등으로 할 때는 밑바탕 면을 수평지게 평탄히 바르고 아스팔트로 교착하여 댄다.
   ② 아스팔트 펠트, 아스팔트 루핑 등의 너비는 벽체 등의 두께보다 15mm 내외로 좁게 하고, 직선으로 잘라 쓴다.
   ③ 이음은 100mm 이상 겹쳐 아스팔트로 교착한다.
3. 바닥 밑 방습층
   아스팔트 펠트, 비닐지의 이음은 100mm 이상 겹치고 필요할 때는 접착제로 접착한다.
4. 아스팔트계 방습공사
   (1) 아스팔트 경사끼움 스트립
      수직 방습공사의 밑부분이 수평과 만나는 곳에는 밑변 50mm, 높이 50mm 크기의 경사끼움 스트립을 설치한다.
   (2) 수직 방습공사는 벽을 따라 지표면부터 기초의 윗부분까지 연장하고, 기초 위부분에는 최소한 150mm 정도 기초의 외면까지 돌려 덮는다. 벽이 서로 만나는 부분이나 기초에서는 300mm 정도 방습면을 연장하여야 하지만 공사가 완공되었을 때 외부로 나타나는 부분까지 연장해서는 안 된다.

⑶ 외벽 표면의 가열 아스팔트 방습
  ① 보통 지표면 아래 구조벽에 사용된다.
  ② 바탕면에 거품이 생길 경우에는 가열 아스팔트를 사용하지 않는다.
⑷ 외부 및 내부 표면의 냉각 아스팔트 방습
  ① 외부 표면에는 피치나 아스팔트 방습제 중에 어느 하나를 사용토록 한다. 실내 표면에는 아스팔트만을 사용토록 한다.
  ② 방습도포는 첫 번째 도포층을 24시간 동안 양생한 후에 반복하여야 한다. 두 번째 도포는 첫 번째 도포가 부드럽고 수밀하면서도 광택성이 있는 도포층이 되지 않았을 경우에는 다시 두 번 도포를 하여야 하며, 그 두께는 두 배로 해야 한다.

창호 및 유리공사

01 창호의 종류

1. 목재창호	(1) 문꼴	① 문선	문꼴을 보기 좋게 만들고 벽의 마무리를 잘하기 위하여 대는 것
		② 문선굽	문선의 하부에 걸레받이와 같은 의미로 만든 부재
		③ 마중대	미닫이, 여닫이문에서 문짝이 서로 맞닿는 선대
		④ 여밈대	미서기창, 오르내리창에서 서로 여며지는 선대
		⑤ 풍소란	방풍목적으로 사용하는 것으로 마중대, 여밈대가 서로 접하는 부분의 틈을 막아 여미게 하는 소란대
		⑥ 비막이소란	창문에 빗물이 들이치지 않게 윗틀에 물끊기 역할을 위해 맞대는 부재
	(2) 각종 창호	① 여닫이문	㉠ 문단속 용이, 면적을 많이 차지 ㉡ 중량의 여닫이문 : 피봇 힌지(문지도리)
		② 자재문	㉠ 자유경첩(스프링 힌지) ㉡ 중량의 자재문 : 플로어 힌지(바닥지도리)
		③ 미닫이문	방음과 기밀성에서 불리
		④ 미세기문	크레센트, 도어볼트, 창호바퀴, 창호레일
		⑤ 회전문	외풍이나 사람의 출입을 조정
		⑥ 오르내리창	㉠ 통풍과 환기의 조절에 편리한 장점 ㉡ 추, 도르래, 와이어 로프(또는 달끈)로 구성
		⑦ 루버 (비늘살문)	갤러리, 차양 및 통풍이 가능
		⑧ 접문	실을 분할하여 구분하거나 실의 전면을 개방할 필요가 있을 때 행거레일과 경첩을 이용하여 문을 접는 등 개폐할 수 있는 문
		⑨ 아코디언도어	실내 공간의 간막이용
		⑩ 홀딩도어 (Holding Door)	실의 크기 조절이 필요한 경우에 칸막이 기능을 하기 위해 만든 병풍 모양의 문으로 신축이 자유롭다.
		⑪ 플러시문	울거미를 짜고 중간살을 보강한 후 양면에 합판을 부착한 문

2. 강재창호	(1) 행거스틸도어	큰 창고 문, 도어행거
	(2) 주름문	차고나 승강기 입구, 방도 목적
	(3) 멀리온(Mullion)	창면적이 클 때, 또는 외관을 꾸미기 위해 대는 중공형 선대
3. 알루미늄 창호	① 콘크리트 · 모르타르 · 회반죽 등의 알칼리성에 대단히 약하다. ② 강도가 약하므로 중간살로 울거미를 보강한다. ③ 출입문은 플로어 힌지(피봇 힌지)로 한다. ④ 동작이 자유롭고 기밀성이 있다. ⑤ 여닫음이 경쾌하고 미려하다.	
4. 창호 철물	(1) 경첩	① 피보트 힌지	중량의 여닫이 문(문지도리)
		② 스프링 힌지	자유경첩, 자재문
		③ 레버토리 힌지	공중전화, 공중 화장실
	(2) 개폐조정기	① 도어체크	여닫이문(도어클로저)
		② 플로어 힌지	중량의 자재문(바닥지도리)
		③ 도어스톱	벽 보호 철물(여닫이문)
		④ 문 버팀쇠	열려진 문을 버티어 고정하는 것(도어스테이, 도어홀더)
	(3) 바퀴 · 레일	① 도어 행거	접문, 행거 스틸 도어
		② 도르래	오르내리창
		③ 창호바퀴 · 창호레일	미세기문 · 미세기창
	(4) 잠금철물	① 나이트 래치	외부에서 열쇠로, 내부에서는 손잡이를 틀어 열 수 있는 실린더 장치의 자물쇠
		② 크레센트	미세기문, 오르내리창
		③ 걸쇠	미세기창, 오르내리창
		④ 꽂이쇠	2짝 여닫이문

방화문의 구분

1. **60분 + 방화문**: 연기 및 불꽃 차단시간이 60분 이상, 열차단 30분 이상인 방화문
2. **60분 방화문**: 연기 및 불꽃 차단시간이 60분 이상인 방화문
3. **30분 방화문**: 연기 및 불꽃 차단시간이 30분 이상 60분 미만인 방화문

개폐방식에 의한 분류

분 류	내 용
여닫이문	문지도리(정첩, 돌쩌귀)를 문선틀에 달고 여닫는 문
미서기문	미닫이문과 비슷한 구조이며, 문 한 짝을 다른 한 짝에 밀어붙이는 문
미닫이문	문짝을 상하 문틀에 홈을 파서 끼우고 옆벽에 붙이는 문이다.
회전문	① 문짝을 회전시켜 출입하는 문이다. ② 은행, 호텔 등의 출입구에 통풍, 기류를 방지하고 출입인원을 조절하기 위해 사용된다.
접 문	칸막이용으로 실을 구분하기 위해 사용하는 문이다.
주름문	문을 닫았을 때 창살처럼 되는 문으로 방범용으로 사용된다.
자재문	① 자유문이라고도 한다. ② 자유정첩을 달고 안팎 자유로이 열리며 저절로 닫혀진다.
기타문(창)	오르내리창, 미들창, 젖힘창, 들창, 붙박이창 등이 있다.

02 유리 공사

1. 유리 종류

(1) 안전유리

분 류	내 용
망입유리	① 성형시에 금속제의 망을 유리 내부에 삽입한 판유리이다. ② 화재시에 가열로 인해 파괴되어도 유리 파편이 금속망에 그대로 붙어 있어 떨어지지 않으므로 화염이나 불꽃을 차단하는 방화성이 우수하다. ③ 소화전, 방화구획, 방화문의 유리 등 화재시 연소의 방지가 요구되는 곳에 사용된다.
접합유리	① 2장 이상의 판유리 사이에 접합 필름인 합성수지 막을 삽입하여 가열 압착한 안전유리이다. ② 충격 흡수력이 강하고, 파손시 유리 파편의 비산을 방지한다.
강화유리	유리를 연화점 이상으로 재가열한 후 찬 공기로 급속히 냉각하여 제조하며 파편상태가 작은 팥알조각 모양으로 일반유리의 3~5배 정도의 강도를 가는 유리이다.

배강도유리	플로트판유리를 연화점 부근(약 700℃)까지 가열 후 양 표면에 냉각공기를 흡착시켜 유리의 표면에 20 이상 60 이하(N/mm^2)의 압축응력층을 갖도록 한 가공유리, 내풍압 강도, 열깨짐 강도 등은 동일한 두께의 플로트판유리의 2배 이상의 성능을 가진다. 그러나 제품의 절단은 불가능하다. 고층빌딩의 유리에 사용한다. 🔁 **기출지문** 　일반유리를 연화점 이하의 온도에서 가열하고 찬 공기를 약하기 불어주어 냉각하여 만든 유리로 내풍압 강도가 우수하여 건축물의 외벽, 개구부 등에 사용되는 유리

(2) 에너지 절약형 유리

열선흡수 판유리	① 태양광의 적외선 성분 및 가시광선 일부가 흡수되도록 하기 위해 원료의 투입과정에서 금속산화물이 배합된 원료를 첨가하여 착색한 판유리 ② 불량한 절단은 열깨짐의 원인이 될 수 있으므로 반드시 클린컷(Clean-Cut)을 확인한다. 　🔁 **클린 컷** : 유리의 절단면에 구멍, 흠집, 단면결손, 경사단면 등이 없도록 절단된 상태
열선반사유리	① 판유리의 한쪽 면에 금속·금속산화물인 열선 반사막을 표면 코팅하여 얇은 막을 형성함으로써 가시광선의 반사 성능을 높인 유리이다. ② 거울효과로 주위 경관이 광선조건 및 시각에 따라 다양하게 투영된다.
Low-E유리 (Low-Emissivity Glass), 저방사유리	① 일반 유리의 표면에 장파장 적외선 반사율이 높은 금속(일반적으로 은)을 코팅시킨 것으로 어느 계절이나 실내·외 열의 이동을 극소화시켜 주는 에너지 절약형 유리이다. ② 열적외선(Infrared)을 반사하는 은소재 도막으로 코팅하여 방사율과 열관류율을 낮추고 가시광선 투과율을 높인 유리로서 일반적으로 복층 유리로 제조하여 사용한다.
복층유리	단열 및 소음 차단

에너지 효과적 유리 선정 지침 제안
1. 단열효과 증진유리는 로이코팅, 단열간봉(Warm Edge Spacer), 아르곤가스 충진 복층유리 및 삼중유리 적용한다.
2. 실내보온 단열이 필요한 개별 창호의 경우는 로이코팅 #3면 복층유리 또는 삼중유리 적용한다.
3. 태양복사열 차단이 필요한 유리벽의 경우는 로이코팅 #2면 복층유리 적용한다.
4. 실내보온 단열 및 태양복사열 차단이 모두 필요한 창호의 경우는 반사코팅과 로이코팅이 함께 적용된 복층유리 또는 삼중유리 적용한다.

(3) 기타 유리

① **스팬드럴유리**

　㉠ 세라믹질 도료를 코팅하여 불투명 배강도유리로 온도변화에 강하여 단열 기능을 높이기 위한 단열재 사용이 가능하며 건물 외벽 각 층간이나 천장의 빈 공간, 기둥이나 칸막이 등 자재나 건물 구성 요소들이 밖에서 보이지 않게 만든다.

　㉡ 열 응력에 의한 파손 방지를 위하여 배강도 유리로 사용되며 치수 및 형상은 도면에 명시한 것으로 한다.

② **유리 블록**: 벽에 쌓아 채광과 외관을 갖추는 데 쓰임

③ **에칭유리**(샌드블라스트 글라스): 유리의 표면을 다양한 디자인으로 도안 특수 가공처리(샌드블라스트 처리)하여 유리를 입체감있게 사용하는 방법으로 거실, 주방 칸막이 등에 사용된다.

④ **무늬유리**: 뜨거운 유리를 평평한 판 위에 붓고 그 위에 무늬가 새겨진 롤러로 밀어주면 표면에 간단하게 여러 가지 무늬가 새겨진 판유리로 몇 가지의 색깔이 있는 유리가 생산된다.

2. 유리의 절단

① 강화유리와 복층유리는 현장에서 절단할 수 없다(배강도유리 포함).

② 접합유리는 양면을 유리칼로 자르고 중간에 끼워진 필름은 컷팅칼로 절단한다.

③ 망입유리는 유리면을 유리칼로 자르고 꺾기를 반복하여 절단한다.

④ 반사유리와 로이유리를 취급할 때에는 항상 마스크를 착용한다.

3. 유리의 열파손 특징

① 겨울의 맑은 날에 파손되기 쉽다.

② 유리 중앙부와 주변부의 온도 차이에 의한 파손현상을 말한다.

4. 유리공사

(1) 용어의 정의

구조 가스켓	① 클로로프렌 고무 등으로 압출성형에 의해 제조되어 유리의 보호 및 지지기능과 수밀기능을 지닌 가스켓으로서 지퍼 가스켓이라고도 불린다. ② Y형 가스켓과 H형 가스켓
그레이징 가스켓	염화비닐 등으로 압출성형에 의해 제조된 유리끼움용 부자재로서 U형 그레이징 채널과 J형 그레이징 비드가 있다.
단열간봉 (Warm-Edge Spacer)	① 복층유리의 간격을 유지하며 열전달을 차단하는 자재 ② 고단열 및 창호에서의 결로방지를 위한 목적으로 적용
백업재	실링 시공인 경우에 부재의 측면과 유리면 사이의 면 클리어런스 부위에 연속적으로 충전하여 유리를 고정하고 시일 타설시 시일 받침 역할을 하는 부자재
샌드 블라스트 가공	유리면에 기계적으로 모래를 뿌려 미세한 흠집을 만들어 빛을 산란시키기 위한 목적의 가공
세팅 블록	새시 하단부의 유리끼움용 부자재로서 유리의 자중을 지지하는 고임재
스페이서	유리 끼우기 홈의 측면과 유리면 사이의 면 클리어런스를 주며, 유리의 위치를 고정하는 블록
에 칭	화학약품에 의한 부식현상을 응용한 가공으로서 유리에는 주로 산을 사용하는 경우가 많다.
열깨짐	태양의 복사열 작용에 의해 열을 받는 부분과 받지 않는 부분(끼우기홈내)의 팽창성 차이 때문에 발생하는 응력으로 인하여 유리가 파손되는 현상

(2) 유리 고정법

구조 가스켓 고정법		① 구조 가스켓 고정법에는 Y형 가스켓 고정법, H형 가스켓 고정법이 있다. ② Y형 가스켓 고정법은 콘크리트, 돌 등의 U형 홈에 Y형 구조 가스켓을 설치하여 유리를 끼우는 고정법이다. ③ H형 가스켓 고정법은 금속프레임 등에 H형 가스켓을 사용해서 유리를 설치하는 방법이다.
그레이징 가스켓 고정법	그레이징 채널 고정법	금속 또는 플라스틱의 U형 홈에 유리를 끼우는 경우에 U형 그레이징 채널을 사용하는 고정법이다.
	그레이징 비드 고정법	① 금속 또는 플라스틱의 누름고정용 홈에 유리를 끼우는 경우에 J형 그레이징 비드를 사용하는 고정법이다. ② 이 밖에 금속 또는 플라스틱의 끼우기 홈에 유리를 끼우는 경우에 가스켓을 사용하는 고정법이다.

부정형 실링재 고정법	부정형 실링재 고정법에는 탄성 실링재 고정법이 있다. 탄성 실링재 고정법은 금속, 플라스틱, 나무 등의 U형 홈 또는 누름고정용 홈에 유리를 끼우는 경우에 탄성 실링재를 사용하는 고정법이다.

(3) 일반사항

① 환경마크, 탄소마크, 환경성적표지 등 공인된 친환경 재료를 우선 사용한다.

② 유리공사 재료는 전과정에 걸쳐 에너지 소비와 이산화탄소 배출량이 적은 것을 우선적으로 선정한다.

③ 항상 4℃(40°F) 이상의 기온에서 시공하여야 하며, 더 낮은 온도에서 시공해야 할 경우, 실란트 시공시 피접착 표면은 반드시 용제로 닦은 후 마른 걸레로 닦아 내고 담당원의 승인을 받은 후 시공해야 한다.

④ 시공 도중 김이 서리지 않도록 환기를 잘 해야 하며, 습도가 높은 날이나 우천시에는 담당원의 승인을 받은 후 시공해야 한다. 실란트 작업의 경우 상대습도 90% 이상이면 작업을 하여서는 안 된다.

⑤ 유리면에 습기, 먼지, 기름 등의 해로운 물질이 묻지 않도록 한다.

⑥ 나사, 볼트, 리벳, 용접시의 요철 등으로 유리의 면 클리어런스 및 단부 클리어런스는 최소값 이하가 되지 않도록 한다.

⑦ 배수 구멍이 막히지 않도록 하며, 배수구멍은 일반적으로 5mm 이상의 직경으로 2개 이상 있어야 하며, 복층유리, 접합유리, 망유리 등의 경우 단부가 습기 및 침투구에 장기간 노출되지 않도록 한다.

⑧ 실란트 시공부위는 청소를 깨끗이 한 후 건조시켜 접착에 지장이 없도록 한다. 이때 청소를 위해 톨루엔, 아세톤 등의 용제를 사용할 수 있다.

⑨ 유리의 보관은 시원하고 건조하며 그늘진 곳에 통풍이 잘 되게 하고, 직사광선이나 비에 맞을 우려가 있는 곳은 피해야 한다.

⑩ 복층유리는 20매 이상 겹쳐서 적치하여서는 안 되며 각각의 판유리 사이는 완충재를 두어 보관한다.

09

Chapter

수장공사

01 벽

1. 판 벽

(1) **가로판벽**: 영식 비늘판벽, 턱솔(독일식) 비늘판벽, 누름대 비늘판벽

(2) **세로판벽**: 빗물이 스며들기 쉬워 외벽에는 피한다.

① 징두리 판벽

② 징두리 양판벽

(3) **걸레받이**: 벽면이 더러워지는 것을 방지

(4) **고막이**: 외벽의 지면 50cm 정도에 1~3cm 정도 나오거나 들어가게 한 벽체

(5) **코펜하겐 리브**: 목재 루버라고도 하며 음향효과 및 장식용으로 사용

2. 단 열

(1) **단열재의 구비조건**

① 열전도율이 낮아야 한다.

② 흡수율이 낮아야 한다.

③ 내화성이 커야 한다.

④ **비중**: 재료가 밀실하여 비중이 커지면 열전도율도 커지는 경향이 있다.

⑤ **예외**: 섬유질 단열재는 겉보기 비중이 클수록 단열성이 좋아진다. 또한, 다공질 단열재의 경우에는 독립기포가 미세하고 균일하며, 기포막이 얇을수록 열전도율은 작아진다.

(2) 단열부위

내단열	외단열
간헐난방	지속난방
① 고온측에 방습층 설치 ② 외단열보다 내부결로 발생가능성이 크다. ③ 강당이나 집회장에 유리	① 내단열보다 공사비가 고가, 한냉지 시공에 적합 ② 벽체의 결로에 유리하고 단열효과 우수 ③ 장기간 거주하는 거실용도로 적합

3. 방음구조

(1) 흡음재

① 음을 흡수하는 것으로 주로 내벽에 사용

② 비중이 작은 유리면, 암면, 코르크, 연질 섬유판, 석면 시멘트판, 석고판 등

(2) 차음재 : 재료는 밀실하고 무거운 것을 쓴다(주로 외벽).

① 음을 차단하는 것(투과손실이 큰 것)으로 콘크리트, 벽돌, 철판 등

② 벽체는 이중벽, 공기누출 없도록 할 것

> 공동주택의 소음 방지
> 1. 이중벽을 설치하거나 건물의 기밀성을 높이면 차음성능은 향상된다.
> 2. 공기전송음, 고체전송음 등을 감소 또는 차단시키기 위한 공사이다.
> 3. 천장이나 바닥, 벽에 사용되는 재료의 면밀도가 클수록 차음성능은 향상된다.
> 4. 칸막이벽을 상층 바닥까지 높이고 방음재로 벽면을 시공하면, 내부 발생음에 대한 차단성능이 향상된다.

02 반 자

(1) 종 류

① 살대반자, 종이반자, 회반죽반자

② 우물반자 : 반자틀을 격자로 짜고 그 위에 넓은 널을 덮은 반자

③ 구성반자 : 장식 겸 음향효과가 있게 하는 층단식 반자로 간접 조명도 가능

(2) **반자틀 구성**(아래에서 위로)

① **목재반자** : 반자돌림대 ⇨ 반자틀 ⇨ 반자틀받이 ⇨ 달대 ⇨ 달대받이

🔾 **고정철물** : 인서트, 앵커볼트

② **경량철골반자** : 행거볼트 ⇨ 등라인 설치 ⇨ 캐링 채널 설치 ⇨ 마이너 채널 설치 ⇨ 재형 클립바 설치 ⇨ 마감판 설치 및 커튼박스 설치

장판비닐시트공사

1. 시공 전 바닥에 7~14일간 난방을 실시하여 습기를 제거(습도 4.5% 이내 건조)
2. 바닥의 균열 억제를 위하여 모르타르의 물·시멘트비를 가능한 낮추어 시공한다.
3. 접착제는 재단 후 1~2일 방치하여 비닐시트의 긴장이 완화된 후 시공
4. 경보행용(연질, 주택용)의 경우 부분접착, 중보행용(경질, 상업시설이나 사용빈도가 많은 곳)인 경우 전면부착공사
5. 합판마루용 수성에폭시 접착제를 사용할 경우, 동결에 유의하여야 한다.
6. 공사가 완료된 바닥표면은 골판지 등으로 보양한다.

🔾 **프리 액세스 플로어** : 바닥이 이중구조로 되어 공간에 각종 전기 및 통신배선 등을 자유롭게 시공할 수 있어서 사무실 공간을 유연하게 운용할 수 있다.

---

03 계 단

(1) **용어** : 기둥의 구성요소

① 엄지기둥, 동자기둥, 난간두겁대, 챌판, 디딤판, 계단참(다리 쉼의 면)

② **미끄럼막이**(논슬립)**재료** : 화강석, 놋쇠, 주철, 타일 등이며, 알루미늄은 부적합

(2) **계단에 관한 기준**

① **계단참 설치** : 계단 높이 3m 넘는 계단은 3m 이내마다 너비 1.2m 이상의 계단참 설치[공동주택의 경우 2m 넘는 계단은 2m 이내마다(주택건설기준 등에 관한 규정)].

② **난간설치**

㉠ 높이 1m가 넘는 계단 및 계단참의 양 옆에는 난간을 설치

㉡ 너비가 3m를 넘는 계단의 중간에 너비 3m 이내마다 난간을 설치

10 Chapter

미장 및 타일공사

01 미장공사

1. 미장공사 일반

(1) 재료	수경성 : 모르타르, 석고성 플라스터 등	기경성 : 흙질, 회반죽 바름, 돌로마이트 플라스터 등
	① 경화가 빠르다.	① 경화가 늦다.
	② 시공이 불편하다.	② 시공이 용이하다.
	③ 강도가 크다.	③ 강도가 작다.
(2) 주의사항	① 양질의 재료를 사용하여 배합을 정확하게, 혼합은 충분하게 한다. ② 바탕면의 적당한 물축임과 면을 거칠게 해 둔다. ③ 바른면은 거친 면이 없이 평활하게 하는 것이 좋다. ④ 초벌바름 후 충분한 시간을 두고 균열 발생 후 재벌을 한다. ⑤ 초벌, 재벌, 정벌의 순으로 3번 칠한다. ⑥ 1회 바름두께는 바닥을 제외하고 6mm를 표준으로 한다. ⑦ 시공시 온도는 5℃ 이상에서 하는 것이 좋다. ⑧ 급격한 건조를 피하고, 시공 중이나 경화 중에는 진동을 피한다. ⑨ 미장용 모래는 지나치게 가는 것은 금지한다. ⑩ 미장공사는 위에서 아래로 한다(실내 : 천장 ⇨ 벽 ⇨ 바닥, 외벽 : 옥상 난간 ⇨ 지층). ⑪ 벽, 기둥 등의 모서리를 보호하기 위하여 미장 바르기를 할 때 보호용 철물로 코너비드(Corner Bead)를 사용한다.	

2. 용어 정리

① **결합재** : 시멘트, 플라스터, 소석회, 벽토, 합성수지 등으로서, 잔골재, 종석, 흙, 섬유 등 다른 미장재료를 결합하여 경화시키는 것

② **고름질** : 바름두께 또는 마감두께가 두꺼울 때 혹은 요철이 심할 때 초벌바름 위에 발라 붙여주는 것 또는 그 바름층

③ **눈먹임** : 인조석 갈기 또는 테라조 현장갈기의 갈아내기 공정에 있어서 작업면의 종석이 빠져나간 구멍부분 및 기포를 메우기 위해 그 배합에서 종석을 제외하고 반죽한 것을 작업면에 발라 밀어넣어 채우는 것

④ **덧먹임** : 바르기의 접합부 또는 균열의 틈새, 구멍 등에 반죽된 재료를 밀어 넣어 때워주는 것

⑤ **라스먹임** : 메탈 라스, 와이어 라스 등의 바탕에 모르타르 등을 최초로 발라 붙이는 것

⑥ **마감두께** : 바름층 전체의 두께를 말함. 라스 또는 졸대 바탕일 때는 바탕 먹임의 두께를 제외

⑦ **미장두께** : 각 미장층별 발라 붙인 면적의 평균 바름두께

⑧ **손질바름** : 콘크리트, 콘크리트 블록 바탕에서 초벌바름하기 전에 마감두께를 균등하게 할 목적으로 모르타르 등으로 미리 요철을 조정하는 것

3. 미장재료의 취급

① 시멘트, 석고 플라스터 등과 같이 습기에 약한 재료는 지면보다 최소 300mm 이상 높게 만든 마룻바닥이 있는 창고 등에 보관, 쌓기단수는 13포대 이하

② 폴리머 분산제 및 에멀션 실러를 보관하는 곳은 고온, 직사일광을 피하고, 또한 동절기에는 온도가 5℃ 이하로 되지 않도록 주의

4. 재료의 배합

① **바탕에 가까운 바름층** : 부배합, 정벌바름에 가까울수록 빈배합

② **결합재와 골재 및 혼화재의 배합** : 용적비

③ **혼화제, 안료, 해초풀 및 짚 등의 사용량** : 결합재에 대한 질량비로 표시

5. 바탕의 점검 및 조정

① 콘크리트바탕 등의 표면 경화 불량은 두께가 2mm 이하의 경우 와이어 브러시 등으로 불량부분을 제거한다.

② 2mm를 넘거나 그 범위가 넓은 경우에는 담당원의 지시에 따른다.

③ 바탕은 바름하기 직전에 잘 청소한다. 외벽의 콘크리트 바탕 등 오래되어 먼지가 붙어 있는 경우는 초벌바름 작업 전날 물로 청소한다.

④ 콘크리트, 콘크리트 블록 등의 바탕 및 시멘트 모르터, 플라스터 등의 초벌바름 등이 건조한 것은, 미리 적당히 물축임 한 후 바름작업을 시작

6. 보 양

(1) 시공 전의 보양

① 바름면의 오염방지 외에 조기건조를 방지하기 위해 통풍이나 일조를 피할 수 있도록 한다.

② 외부바름면에서는 바름 전에 직사일광, 바람, 비 등을 막기 위한 시트보양

(2) 시공시의 보양

① 미장바름 주변의 온도가 5℃ 이하일 때는 공사를 중단하거나 난방하여 5℃ 이상으로 유지

② 외부 미장공사를 여름에 시공하는 경우는 바름층의 급격한 건조를 방지하기 위하여 거적덮기 또는 폴리에틸렌 필름 덮기를 한 다음 살수 등의 조치

③ 강우, 강풍 혹은 주위의 작업으로 바름작업에 지장이 있는 경우에는 작업을 중지한다.

(3) 시공 후의 보양

① 바람 등에 의하여 작업장소에 먼지가 날려 작업면에 부착될 우려가 있는 경우에는 방풍보양을 한다.

② 조기에 건조될 우려가 있는 경우에는 통풍, 일사를 피하도록 시트 등으로 가려서 보양한다.

7. 시멘트 모르타르바름

① **바름두께**: 마무리두께는 공사시방서에 따른다. 다만, 천장, 차양은 15mm 이하, 기타는 15mm 이상으로 한다. 바름두께는 바탕의 표면부터 측정하는 것으로써, 라스 먹임의 바름두께를 포함하지 않는다.

② **미장바름 총두께 순서**: 바닥 = 외벽(24mm) > 내벽(18mm) > 천장(15mm)

> 바름공정
> 바탕조정 ⇨ 초벌바름 ⇨ 고름질 ⇨ 재벌바름 ⇨ 정벌(마감)바름 ⇨ 마감부처리

8. 바름 일반

(1) 흙손바름

① 재료를 바름하는 경우 흙손의 조작은 각 방향으로 균등하게 한다.

② 바름면의 흙손작업은 갈라지거나 들뜨는 것을 방지하기 위해 바름층이 굳기 전에 끝낸다.

(2) 뿜칠

① 압송뿜칠기계로 바름하는 두께가 20mm를 넘는 경우에는 초벌, 재벌, 정벌 3회 뿜칠바름한다.

② 바름두께 20mm 이하에는 재벌뿜칠을 생략한 2회 뿜칠바름한다.

③ 두께 10mm 정도는 정벌뿜칠만을 밑바름, 윗바름으로 나누어 계속해서 바른다.

9. 균열 및 박리 방지

① **문선, 걸레받이, 두겁대 및 돌림대 등의 개탕 주위**: 흙손 날의 두께만큼 띄어 둔다.

② **개구부의 모서리나 라스 등, 균열이 발생하기 쉬운 곳**: 종려털 바름, 헝겊 씌우기를 하고 시멘트 모르타르 바름은 메탈 라스 붙여대기 등을 한다.

③ **콘크리트, 콘크리트 블록 및 목조 바탕 등의 이종바탕 접속부의 균열 방지**: 줄눈 설치 등의 방법은 담당원의 지시에 따른다.

④ **각종 부위가 충격, 진동 등에 의해서 박리의 우려가 있는 경우**: 미리 바탕의 전면에 KS D 7017(용접철망)의 규정에 적합한 금속망을 덮고 적절한 조치

　　🔔 개탕: 장지, 빈지, 판자 따위를 끼우기 위하여 문틀에 판 홈

10. 회반죽 바름 주의사항

(1) 통 풍

바름작업 중에는 될 수 있는 대로 통풍을 피하는 것이 좋으나 초벌바름 후, 고름질 후, 특히 정벌바름 후 적당히 환기하여 바름면이 서서히 건조되도록 한다.

(2) 한중공사

① 실내온도가 5℃ 이하일 때는 공사를 중단하거나 난방하여 5℃ 이상으로 유지한다.

② 정벌바름 후 난방할 때는 바름면이 오염되지 않도록 주의한다.

③ 실내를 밀폐하지 않고 가열과 동시에 환기하여 바름면이 서서히 건조되도록 한다.

02 \ 타일공사

1. 타 일

(1) 타일의 종류

종 류	소성온도	소 지		투명정도	건축재료
		흡수율	색		
토기(土器)	700~900℃	20% 이상	유색	불투명	기와, 벽돌, 토관
도기(陶器)	1,000~1,300℃	15~20%	백색/유색	불투명	타일, 테라코타타일
석기(石器)	1,300~1,400℃	8% 이하	유색	불투명	바닥타일, 클링커타일
자기(磁器)	1,300~1,450℃	0~1	백색	반투명	타일, 위생도기

(2) 특수타일의 종류

① 파스텔타일	소지에 안료를 혼합하여 고온소생한 색소지 자기질 무유타일로, 흡수율이 0%이다.
② 폴리싱타일	자기질 무유타일을 연마하여 대리석 질감과 흡사하게 만든 타일
③ 테라코타 (Terracotta)	자토를 반죽하여 조각의 형틀로 찍어내어 소성한 속이 빈 대형의 점토제품으로 구조용과 장식용이 있음. 건물의 외장에 쓰이는 복잡한 모양이 있는 대형의 점토제품, 혹은 외벽면에 붙이는 대형 타일
④ 모자이크타일 (Mosaic Tile)	5cm 각 이하의 소형타일을 30cm 각 대지에 줄눈을 미리 나누어 붙인 상태로 모자이크처럼 만든 타일이다.
⑤ 클링커타일	고온으로 소성한 타일로 표면에 요철 무늬가 있다. 외부바닥에 주로 사용

타일 붙임공법 용어

1. 균열유발 줄눈 : 철근콘크리트 구조에 발생하는 건조수축균열을 계획적으로 발생되도록 콘크리트 구조에 설치하는 줄눈
2. 뒷굽 : 시멘트 모르타르 또는 접착제와의 접착이 잘 되게 하기 위하여 혹은 제조과정에서 타일의 뒷면에 만들어진 발굽 또는 오목·볼록하게 튀어나온 것
3. 마스크 붙임 : 유닛(Unit)화된 50mm 각 이상의 타일 표면에 모르타르 도포용 마스크를 덧대어 붙임 모르타르를 바르고 마스크를 바깥에서부터 바탕면에 타일을 바닥면에 누름하여 붙이는 공법
4. 살두께 : 실제 부재의 두께
5. 소지 : 타일의 주체를 이루는 부분으로, 시유 타일의 경우에는 표면의 유약을 제거한 부분

6. 신축줄눈: 압출성형 시멘트판이나 ALC 패널 상호 간의 줄눈
7. 신축조정줄눈: 온도변화나 수분변화 또는 외력 등에 의하여 건물이나 건물 부위에 발생되는 변형이 타일에 영향을 적게 미치게 하기 위한 바탕면 및 바름층에 설치하는 줄눈
8. 타일 유닛: 일정한 줄눈 간격을 설치하여 바닥에 나열한 소정 매수의 타일 표면에 플라스틱 필름 또는 그라우트 사포 등을 부착하여 유닛화한 것
9. 치장줄눈: 벽돌이나 시멘트 블록의 벽면을 치장으로 할 때 줄눈을 곱게 발라 마무리한 줄눈
10. 흡수 조정재: 모르타르의 수분 건조를 방지하기 위해 사전에 바탕면에 도포하는 합성수지 에멀션 재료

(3) 타일의 재질과 용도

① 외장용타일	자기질 또는 석기질로 하고, 내동해성이 우수한 것으로 한다.
② 내장용타일	도기질 또는 석기질 또는 자기질
③ 한랭지 및 이와 준하는 장소의 노출된 부위	자기질, 석기질
④ 바닥용타일	유약을 바르지 않고(무유타일), 재질은 자기질 또는 석기질로 한다.

2. 시 공

(1) 바탕만들기

① 바탕고르기 모르타르를 바를 때는 2회에 나누어서 바른다.
② 바름두께가 10mm 이상일 경우에는 1회에 10mm 이하로 하여 나무흙손으로 눌러 바른다.
③ 바닥면은 물고임이 없도록 구배를 유지, 1/100을 넘지 않도록 한다.

(2) 바탕처리(물축이기 및 청소)

① 여름에 외장타일을 붙일 경우에는 하루 전에 바탕면에 물을 충분히 적셔둔다.
② 타일붙임 바탕의 건조상태에 따라 뿜칠 또는 솔을 사용하여 물을 골고루 뿌린다.
③ 흡수성이 있는 타일에는 제조업자의 시방에 따라 물을 축여 사용한다.

(3) 타일붙이기 일반사항

① 줄눈 너비는 도면 또는 공사시방서에서 정한 바가 없을 때에는 표에 따른다. 다만, 창문선, 문선 등 개구부 둘레와 설비기구류와의 마무리 줄눈 너비는 10mm 정도로 한다.

☐ **줄눈 너비의 표준** (단위: mm)

타일 구분	대형 벽돌형(외부)	대형(내부일반)	소 형	모자이크
줄눈 너비	9	5~6	3	2

② 벽체 타일이 시공되는 경우 바닥 타일은 벽체 타일을 먼저 붙인 후 시공한다.

③ 타일을 붙이는 모르타르에 시멘트 가루를 뿌리면 시멘트의 수축이 크기 때문에 타일이 떨어지기 쉽고 백화가 생기기 쉬우므로 뿌리지 않아야 한다.

(4) 붙임공법의 종류

공 법	내 용
떠붙이기	가장 기본적인 공법으로 타일 뒷면에 붙임 모르타르를 바르고 빈틈이 생기지 않게 콘크리트 바탕에 눌러 붙이는 방법으로 백화가 발생하기 쉽기 때문에 외장용으로는 사용하지 않는 것이 좋다.
개량떠붙이기	기존 떠붙이기 공법의 단점을 보완한 것으로 평탄한 바탕 모르타르를 먼저 조성한 후 타일 뒷면 전체에 붙임 모르타르를 얇게 발라서 시공한다.
압착공법	평탄하게 마무리한 바탕 모르타르면에 붙임 모르타르를 바르고, 나무망치 등으로 타일을 두들겨 붙이는 방법이다.
개량압착공법	① 먼저 시공된 모르타르 바탕면에 붙임 모르타르를 도포하고, 모르타르가 부드러운 경우에 타일 속면에도 같은 모르타르를 도포하여 벽 또는 바닥 타일을 붙이는 공법이다. ② 타일의 탈락(박락)은 압착 공법에서 가장 많이 발생하며 모르타르의 시간경과로 인한 강도저하가 주요 원인이다.
밀착공법 (동시줄눈공법)	붙임 모르타르 바탕면에 도포하여 모르타르가 부드러운 경우에 타일 붙임용 진동공구를 이용하여 타일에 진동을 주어 매입에 의해 벽타일을 붙이는 공법으로 솟아오르는 모르타르로 줄눈 부분을 시공하는 공법이다.
모자이크타일 붙임	붙임 모르타르를 바탕면에 도포하여 직접 표면 붙임의 유닛화된 모자이크 타일을 시멘트 바닥면에 누름하여 벽 또는 바닥에 붙이는 공법이다.
접착공법	① 거의 압착공법과 동일한 방법으로 유기질 접착제 또는 수지 모르타르를 바탕면에 도포하고, 이것에 타일을 세차게 밀어 넣어 바닥면에 누름하여 붙이는 공법이다. ② 내장공사에 한하여 적용한다. ③ 붙임 바탕면을 여름에는 1주 이상, 기타 계절에는 2주 이상 건조시킨다.

(5) 치장줄눈

① 타일을 붙이고, 3시간이 경과한 후 줄눈파기, 24시간이 경과한 뒤 붙임 모르타르의 경화 정도를 보아, 작업 직전에 줄눈 바탕에 물을 뿌려 습윤케 한다.

② 치장줄눈의 폭이 5mm 이상일 때는 고무흙손으로 충분히 눌러 빈틈이 생기지 않게 시공한다.

(6) 타일의 보양

① 한중공사시에는 외기의 기온이 2℃ 이하일 때에는 타일작업장 내의 온도가 10℃ 이상이 되도록 임시로 가설 난방 보온 등에 의하여 시공부분을 보양한다.

② 타일을 붙인 후 3일간은 진동이나 보행을 금한다.

③ 줄눈을 넣은 후 경화 불량의 우려가 있거나 24시간 이내에 비가 올 우려가 있는 경우에는 폴리우레탄 필름 등으로 차단·보양한다.

(7) 신축줄눈

① 신축줄눈에 대하여 도면에 명시되어 있지 않을 때에는 이질바탕의 접합부분이나 콘크리트를 수평방향으로 이어붓기한 부분 등 수축균열이 생기기 쉬운 부분과 붙임면이 넓은 부분에는 담당원의 지시에 따라 그 바탕에까지 닿는 신축줄눈을 약 3m 간격으로 설치하여야 한다.

② 내장타일의 크기가 대형화되면서 발생하는 타일의 옆면 파손은 벽체 모서리 등에 신축조정줄눈을 설치하여 방지할 수 있다.

(8) 청 소

① 치장줄눈 작업이 완료된 후 타일면에 붙은 불결한 재료나 모르타르, 시멘트 페이스트 등을 제거하고 손이나 헝겊 또는 스펀지 등으로 물을 축여 타일면을 깨끗이 씻어 낸 다음 마른 헝겊으로 닦아낸다.

② 공업용 염산 30배 희석용액을 사용하였을 때에는 물로 산성분을 완전히 씻어낸다.

③ 줄눈넣기가 완성되면 세라믹 타일 전체를 청소한다.

(9) 검 사

① **시공 중 검사**: 하루 작업이 끝난 후 비계발판의 높이로 보아 눈높이 이상이 되는 부분과 무릎 이하 부분의 타일을 임의로 떼어 뒷면에 붙임 모르타르가 충분히 채워졌는지 확인한다.

② **두들김 검사**: 붙임 모르타르의 경화 후 검사봉으로 전면적을 두들겨 검사한다.

③ **접착력 시험**

    ③ 타일의 접착력 시험은 $200m^2$당, 공동주택은 10호당 1호에 한 장씩 시험한다. 시험 위치는 담당원의 지시에 따른다.

    ⓒ 시험은 타일 시공 후 4주 이상일 때 실시한다.

    ⓒ 시험결과의 판정은 타일 인장 부착강도가 $0.39N/mm^2$ 이상이어야 한다.

붙임공법	붙임모르타르 두께 등

압착
붙이기
	① 타일 두께의 1/2 이상으로 하고, 5mm~7mm를 표준
	② 타일의 1회 붙임 면적: $1.2\,m^2$ 이하
	③ 벽면의 위에서 아래로, 붙임 시간은 모르타르 배합 후 15분 이내
	  • 시공능률이 양호하고 타일과 붙임재와의 사이에 공극이 없어 백화가 발생하지 않는다.
	  • 오픈타임(Open Time)이 길면 접착력의 저하로 인한 타일의 탈락이 발생한다.

개량압착
붙이기
	① 붙임 모르타르를 바탕면에 4mm~6mm
	② 1회 바름 면적은 $1.5\,m^2$ 이하, 붙임 시간은 모르타르 배합 후 30분 이내
	③ 타일 뒷면에 붙임 모르타르를 3mm~4mm,
	  • 접착성이 좋고 균열이 발생하지 않는다.
	  • 타일과 붙임재와의 사이에 공극이 없어 백화가 발생하지 않는다.
	  • 압착공법에 비해 작업능률이 떨어진다.
	  • 타일붙이기 비용의 상승요인이 된다.
	  • 붙임 모르타르가 얇기 때문에 시공정밀도가 요구된다.

동시 줄눈
붙이기
(밀착 공법)
	① 붙임 모르타르를 바탕면에 5mm~8mm.
	② 1회 붙임 면적: 1.5m² 이하, 붙임 시간은 20분 이내
	③ 줄눈의 수정은 타일 붙임 후 15분 이내에 실시하고, 붙임 후 30분 이상이 경과했을 때에는 그 부분의 모르타르를 제거하여 다시 붙인다.
	  • 압착공법에 비해 가사시간의 영향이 작다.
	  • 균열이 적고, 작업이 쉽고 능률이 좋다.
	  • 바탕고르기가 정밀해야 한다.
	  • 진동시 타일의 어긋남이 발생할 수 있다.
	  • 타일표면의 정밀도를 만들기 어렵다.
	  • 외부 우수에 노출되는 부위에 사용시 백화현상의 하자발생 예가 많다.
	   ⇨ 줄눈시공의 부실로 인한 것

모자이크 타일 붙이기	① 붙임 모르타르를 바탕면에 초벌과 재벌로 두 번 바르고, 총 두께는 4mm~6mm를 표준 ② 붙임 모르타르의 1회 바름 면적은 $2.0\,m^2$ 이하로 하고, 붙임 시간은 모르타르 배합 후 30분 이내

떠붙임공법	• 접착강도의 편차가 작다. • 붙임모르타르가 빈배합이므로 경화시 수축에 의한 영향이 작다. • 시공시 상당한 숙련을 요한다. • 시공능률이 나쁨 • 밑에서 붙여 올라가므로 시공높이에 한계(약 1.2m/일)가 있다. • 뒷면에 공극이 생기지 않도록 하는 것이 시공상 중요하다.

박리의 가능성이 높은 부위
1. 탈락된 타일 부위
2. 백화발생 부위(특히 상부)
3. 이질재와 접하는 부위
4. 균열부의 양측
5. 개구부 주위
6. 돌출부위 두겁대
7. 시공이음(Construction Joint)/신축이음(Expansion Joint)
8. 강우에 젖은 상태에서 색상이 변한 부위

신축줄눈
1. 모르타르의 건조수축, 외기온도에 따른 골조와 모르타르의 신축으로 타일의 부착력 약화와 타일의 내부응력 발생으로 타일의 박리현상 발생 방지를 목적
2. 바탕면 재료가 상이한 부분은 반드시 신축줄눈을 설치
3. 두 벽이 만나는 오목모서리 부위는 반드시 신축줄눈을 설치한다.
4. 골조의 설치된 줄눈과 타일의 신축줄눈은 가능한 일치되게 설치한다.
5. 타일 신축줄눈과 시공이음(Construction Joint)의 위치가 다른 경우는 타일 신축줄눈을 하부에 설치한다. ⇨ 역으로 하면 줄눈을 타고 침입은 물이 실내측으로 누수될 우려가 있다.

⇪ 치장줄눈은 건물 미관에 중요한 역할을 하는 것으로, 타일 뒷면에 우수의 침입을 방지하고 타일을 고정시켜 탈락현상을 방지한다.

11 도장공사

1. 도장 재료	(1) 선택시 유의사항	① 내후성을 고려하여 니스, 수용성 페인트는 외장용으로 사용할 수 없다. ② 콘크리트와 같은 알칼리성 재료에는 유성 페인트를 사용할 수 없다. ③ 고온 작용시 유성 페인트나 비닐 페인트 등을 사용할 수 없다.	
	(2) 유성 페인트 (알칼리 바탕칠 ×, 내후성이 좋아 외부칠 가능)	① 기름(Oil) : 도막을 형성 ② 안료(Pigment) : 색, 바탕을 기밀하게 하고 내구력 증진 ③ 건조제 : 리사지 등, 많이 사용하면 도막에 균열 발생 ④ 희석제 : 도료의 점도 조절	
	(3) 수성 페인트 (알칼리 바탕에 칠 가능)	① 카제인 수성 페인트	회반죽, 모르타르면에 적당, 외부칠엔 부적당
		② 에멀젼 수성 페인트	외벽에 칠 가능
	(4) 바니시 (수지 + 용제, 투명도료, 목재 바탕, 내후성⇩)	① 유성 바니시 (용제 : 유성 솔벤트)	유성 바니시 + 안료 ⇨ 에나멜 페인트 : 광택 우수, 내수성, 내유성, 내약품성 우수 🔧 스테인(Stain) : 주로 목재 바탕 곁에 직접 칠 먹임(Wood Filling)을 하거나 색을 입히기 위해 사용. 목재에 사용하는 착색제
		② 휘발성 바니시 (용제 : 휘발성 용제, 주정 바니시라고도 함)	㉠ 래크(Lake) : 셸락을 알콜에 용해시킨 것 ㉡ 래커 : 휘발성 바니시 + 안료(속건성으로 뿜칠 작업) 🔧 클리어 래커(Clear Lacquer) : 셀룰로오스 소재 수지를 용제로 녹인 것으로 투명한 피막 형성 ⇨ 래커 에나멜(Lacquer Enamel) : 투명 락카에 안료를 가한 것. 실내용과 실외용
	(5) 본타일	① 모르타르면에 스프레이를 이용하여 뿜칠도장으로 요철모양을 형성한 후 마감처리한 것 ② 치장용 뿜칠용 도료인 복층무늬 도료로서 수성본타일, 아크릴본타일과 에폭시 본타일이 있다.	

	(6) 녹막이칠 (방청도료)	① 광명단 : 주로 철재에 사용 ② 징크로메이트 도료(크롬산아연 + 알키드수지, 알루미늄판 초벌용) ③ 알루미늄 도료 : 방청의 효과 및 광선이나 열을 반사하는 효과 ④ 역청질 도료 : 일시적 방청효과
	(7) 목재의 방부재	콜타르, 크레오소트
2. 칠하기시 주의사항		① 습도가 85% 초과면 중지 ② 기온이 5℃ 미만에서는 공사를 하지 않는다. ③ 바람이 강하게 부는 날에는 칠 작업을 중지한다. ④ 칠막의 각 층은 얇게 하고 충분히 건조시킨다. ⑤ 도장 후 서서히 건조시킨다. ⑥ 건조제를 많이 첨가하면 도막에 균열이 발생한다. ⑦ 야간작업은 금하는 것이 좋다. ⑧ 초벌에는 연한 색으로 칠해서 진한 색으로 시공한다. ⑨ 초벌, 재벌, 정벌의 3공정으로 이루어지는데, 초벌인 경우 동일재의 유성이면 다른 색으로 칠해도 관계없다. ⑩ 처음 1회째의 녹막이도장은 가공장에서 조립 전에 도장함을 원칙으로 하고, 화학처리를 하지 않은 것은 녹제거 직후에 도장한다. ⑪ 바탕재가 소나무, 삼송 등과 같이 흡수성이 고르지 못한 바탕재에 색올림을 할 때에는 흡수방지 도장을 한다. ⑫ 마감된 금속표면은 별도의 지시가 없으면 도금된 표면, 스테인리스강, 크롬도금판, 동, 주석 또는 이와 같은 금속으로 마감된 재료는 도장하지 않는다. ⑬ 움직이는 품목 및 라벨의 움직이는 운전부품, 기계 및 전기부품으로 밸브, 댐퍼 동작기, 감지기 모터 및 송풍기 샤프트는 특별한 지시가 없으면 도장하지 않는다. 단, 라벨에는 도장하지 않는다.
3. 도장공법	(1) 솔칠	① 위에서 아래로, 왼쪽에서 오른쪽으로 칠하고, 먼저 이음새 틈서리를 바르고 중간을 칠한다. ② 초기 건조가 빠른 래커에는 부적당
	(2) 롤러칠	롤러도장은 붓도장보다 도장속도가 빠르다. 일정한 도막두께를 유지하기가 어렵다.
	(3) 스프레이 도장	① 래커타입의 도료일 때에는 스프레이의 공기압을 − 0.2∼0.4N/mm^2 표준으로 한다. ② 도장거리 : 도장면에서 300mm를 표준 ③ 항상 평행이동, 운행의 한 줄마다 스프레이 너비의 1/3 정도를 겹쳐 뿜는다. ④ 각 회의 스프레이 방향은 전회의 방향에 직각으로 한다.

4. 용어의 정의(표준시방서)

① 바탕처리	바탕에 대해서 도장에 적절하도록 행하는 처리. 즉 하도를 칠하기 전 바탕에 묻어 있는 기름, 녹, 흠을 제거하는 처리 작업
② 하도(프라이머)	물체의 바탕에 직접 칠하는 것. 바탕의 빠른 흡수나 녹의 발생을 방지하고, 바탕에 대한 도막층의 부착성을 증가시키기 위해서 사용하는 도료
③ 중도(Under Coat, Fround Coat, Surfacer, Texture Coat)	하도와 상도의 중간층으로서 중도용의 도료를 칠하는 것, 하도 도막과 상도 도막 사이의 부착성 증강, 조합 도막층 두께의 증가, 평면 또는 입체성의 개선 등을 위해서 한다.
④ 상도	마무리로서 도장하는 작업 또는 그 작업에 의해 생긴 도장면
⑤ 가사시간 (Pot Life, Pot Stability	다액형 이상의 도료에서 사용하기 위해 혼합했을 때 겔화, 경화 등이 일어나지 않고 작업이 가능한 시간
⑥ 건조시간(Drying Time)	도료가 건조하는 때에 따라 필요한 시간, 가열 건조에서는 가열 장치에 넣고부터 건조 상태로 될 때까지의 시간
⑦ 무늬 도료(Pattern Finish)	색 무늬, 입체 무늬 등의 도막이 생기도록 만든 에나멜, 크래킹 래커, 주름 무늬 에나멜 등이 있다.
⑧ 바니시(Vanish)	수지 등을 용제에 녹여서 만든 안료가 함유되지 않은 도료의 총칭. 도막은 대개 투명하다.
⑨ 수성 도료 (Water Paint, Water Base Paent, Distemper)	물로 희석하여 사용하는 도료의 총칭을 말하며, 수용성 또는 물분산성의 도막 형성 요소를 이용하여 만든다. 입자 모양 수성 도료, 합성 수지 에멀션 페인트, 수용성 가열건조 도료, 산경화 수용성 도료 등이 있다.
⑩ 유성 도료(Oil Paint)	도막 형성 요소의 주성분이 건성유인 도료의 총칭
⑪ 안료(Pigment)	물이나 용체에 녹지 않는 무채 또는 유채의 분말로 무기 또는 유기 화합물, 착색·보강·증량 등의 목적으로 도료·인쇄 잉크·플라스틱 등에 사용한다. 굴절률이 큰 것은 은폐력이 크다.
⑫ 용제(Solvent)	도료에 사용하는 휘발성 액체 도료의 유동성을 증가시키기 위해서 사용한다. 좁은 의미로 도막 형성 요소의 용매를 말하고, 달리 조용제·희석제가 있다
⑬ 희석제	도료의 유동성을 증가시키기 위해서 사용하는 휘발성의 액체
⑭ 퍼티	바탕의 파임·균열·구멍 등의 결함을 메워 바탕의 평편함을 향상시키기 위해 사용하는 살붙임용의 도료, 안료분을 많이 함유하고 대부분은 페이스트 상이다.

⑮ 눈먹임	목부 바탕재의 도관 등을 메우는 작업
⑯ 도막두께	건조 경화한 후의 도막의 두께
⑰ 조색	몇 가지 색의 도료를 혼합해서 얻어지는 도막의 색이 희망하는 색이 되도록 하는 작업
⑱ 착색	바탕면을 각종 착색제로 착색하는 작업
⑲ 지촉건조(Set to Touch)	도막을 손가락으로 가볍게 대었을 때 접착성은 있으나 도료가 손가락에 묻지 않는 상태
⑳ 블리딩(Bleeding)	하나의 도막에 다른 색의 도료를 겹칠 했을 때, 밑층의 도막 성분의 일부가 위층의 도료에 옮겨져서 위층 도막 본래의 색과 틀린 색이 되는 것
㉑ 색분리 (도막의/Flooding)	도료가 건조하는 과정에서 안료 상호간의 분포가 상층과 하층이 불균등해져서 생긴 도막의 색이 상층에서 조밀해진 안료의 색으로 강화되는 현상
㉒ 표면 건조 (Sand Dry, Surface Dry)	칠한 도료의 층이 표면만 건조 상태가 되고 밑층은 부드럽게 점착이 있어서 미건조 상태에 있는 것
㉓ 핀홀 (Antiskinning Agent)	도막에 생기는 극히 작은 구멍
㉔ 황변(Yellowing)	도막의 색이 변하여 노란 빛을 띄는 것. 일광의 직사, 고온 또는 어둠, 고습의 환경 등에 있을 때에 나타나기 쉽다.

12 적산(표준품셈)

Chapter

01 개 요

건축공사에서 적산은 공사원가를 계산하는 데 필요한 공사용 재료 및 품의 수량 즉, 공사수량을 산출하는 기술활동이고 견적은 공사량 수에 단가를 곱하여 공사비를 산출하는 기술활동이다.

(1) **개산견적**: 건물의 용도. 구조마무리의 정도를 충분히 검토하고 과거의 비등한 건물의 실적통계 등을 참고로 하여 공사비를 개략적으로 산출하는 방법이다.

(2) **명세견적**: 완성된 설계도서, 현장설명, 질의응답에 의거하여 정밀한 적산, 견적을 하여 공사비를 산출하는 것으로 정밀견적이라고도 한다.

⊞ **공사비 구성의 분류표**

총공사비	총원가	공사원가	간접공사비	
	부가이윤			
		일반관리비부담금		
			간접공사비	
			직접공사비	재료비
				노무비
				외주비
				경 비

용어 정리
1. 품셈: 어떤 물체를 인력이나 기계로 만드는 데 들어가는 단위당 노력 및 재료의 수량
2. 일위대가: 재료비에 가공 및 설치비 등을 가산하여 단위단가로 작성한 것

02 공사원가

(1) **공사원가**: 공사 시공과정에서 발생하는 재료비, 노무비, 경비의 합계액이다.

(2) **재료비**

재료비는 공사원가를 구성하는 다음 내용의 직접재료비 및 간접재료비로 한다.

① **직접재료비**: 공사목적물의 실체를 형성하는 물품의 가치이며, 주요재료비와 부분품비 등이 있다.

② **간접재료비**: 공사목적물의 실체를 형성하지는 않으나 공사에 보조적으로 소비되는 물품의 가치로서 소모재료비, 소모공구·기구·비품비 및 가설재료비 등이 있다.

(3) **노무비**

① **직접노무비**: 제조현장에서 계약목적물을 완성하기 위하여 직접 작업에 종사하는 종업원 및 노무자에 의하여 제공되는 노동력의 대가이다.

② **간접노무비**: 직접 제조작업에 종사하지는 않으나, 작업현장에서 보조작업에 종사하는 노무자, 종업원과 현장감독자 등의 기본급과 제수당, 상여금, 퇴직급여충당금의 합계액으로 한다.

(4) **경 비**

경비는 공사의 시공을 위하여 소요되는 공사원가 중 재료비, 노무비를 제외한 원가를 말하며, 기업의 유지를 위한 관리활동부문에서 발생하는 일반관리비와 구분된다.

(5) **일반관리비**

① 일반관리비는 기업의 유지를 위한 관리활동부문에서 발생하는 제비용으로서 제조원가에 속하지 아니하는 모든 영업비용 중 판매비 등을 제외한 비용을 말한다.

② 일반관리비 = (재료비 + 노무비 + 경비) × 일반관리비율

③ 일반관리비 = 직접공사비와 간접공사비의 합계액에 일반관리비율을 곱하여 계산한다. 다만, 일반관리비율은 공사규모별로 규정에서 정한 비율을 초과할 수 없다.

(6) **이 윤**

① 영업이익을 말한다.

② 공사원가 중 노무비, 경비와 일반관리비의 합계액에 이윤율을 곱하여 산정한다. (재료비는 이윤의 대상에서 제외된다.)

③ 이윤 = (노무비 + 경비 + 일반관리비) × 이윤율

④ 이윤율은 15%를 초과하여 계상할 수 없다.

(7) **외주비** : 공사 중 일부를 위탁하고 그 대가로 지불되는 비용이다.

03 할증률과 적산 계산

(1) **소요수량 = 정미수량 + 정미수량 × 할증률**

할증률	종 류
1%	유리
2%	도료
3%	이형철근, 고장력볼트, 일반용 합판, 붉은 벽돌, 타일(모자이크, 도기, 자기), 테라코타, 슬레이트
4%	블록
5%	원형철근, 일반볼트, 리벳, 수장용 합판, 시멘트 벽돌, 아스팔트 타일, 리놀륨 타일, 강관, 동관, 목재(각재), 기와
7%	대형 형강
10%	강판, 목재(판재), 단열재

(2) **수량의 계산**

① 수량의 단위 및 소수자리는 표준품셈 단위표준에 의한다.

② 수량의 계산은 지정 소수자리 아래 1자리까지 산출하여 반올림한다.

③ 계산에 쓰이는 분도(分度)는 분까지, 원둘레율(圓周率), 삼각함수(三角函數) 및 호도(弧度)의 유효숫자는 3자리(3位)로 한다.

④ 곱하거나 나눗셈에 있어서는 기재된 순서에 의해 계산한다.

⑤ 면적 및 체적의 계산은 측량 결과 또는 설계도서를 바탕으로 수학적 공식에 의해 산출함을 원칙으로 한다.

⑥ 다음에 열거하는 것의 체적과 면적은 구조물의 수량에서 공제하지 아니한다.

    ㉠ 콘크리트 구조물 중의 말뚝머리

    ㉡ 볼트의 구멍

    ㉢ 모따기 또는 물구멍(水切)

    ㉣ 이음줄눈의 간격

    ㉤ 포장공종의 1개소당 $0.1m^2$ 이하의 구조물 자리

ⓗ 강(鋼)구조물의 리벳 구멍

ⓢ 철근 콘크리트 중의 철근

ⓞ 기타 전항에 준하는 것

품의 할증

야간작업	품을 25%까지 가산한다.
10m² 이하 각 공종별 할증이 감안되지 않은 사항	품을 50%까지 가산할 수 있다.
위험할증률	교량상 작업, 고소작업 지상(비계틀 불사용), 고소작업 지상(비계틀 사용), 지하작업 등
건물층수별 할증률	지상 30층 이하 7%, 30층 초과 매 5층 증가(1% 가산)
원거리작업, 계속 이동작업, 분산작업시	작업시간이 현저하게 감소될 경우 50%까지 가산할 수 있다. 단, 상기 도달시간(왕복) 또는 이동시간이 1시간 이내의 경우는 특별한 경우를 제외하고는 적용하지 않는다.

(3) 벽 돌

벽체 두께	0.5B	1.0B	1.5B
표준형 벽돌	75	149	224

↻ 블록 : 13매(1m²당, 할증률 포함)

(4) 타 일

$$타일의\ 정미량 = \frac{안목면적(m^2)}{타일\ 1장\ 면적(줄눈두께\ 포함)(m^2)}$$

재료의 일반적인 추정 단위중량(kg/m³)

1. 철근콘크리트 : 2,400   2. 보통 콘크리트 : 2,300
3. 시멘트 모르타르 : 2,100   4. 시멘트(자연상태) : 1,500
5. 물 : 1,000

(5) 예정가격 작성기준

① 공사 원가

ⓐ 재료비(직접재료비, 간접재료비)

ⓑ 노무비[직접노무비, 간접노무비(보조작업자와 현장감독자의 인건비)]

ⓒ 경비

② 총공사원가 = 공사원가 + 일반관리비 + 이윤

③ 총공사비 = 총공사원가 + 공사손해보험료 + 부가가치세

④ 직접공사비 = 재료비 + 직접노무비 + 직접공사경비(실적공사비에 따른 예정가격 작성기준)

예정 가격	총공사원가	순공사원가	재료비	직접재료비
				간접재료비
			노무비	직접노무비
				간접노무비
			경 비	전력비 등 25개 비목으로 한정
		일반관리비	(직접공사비 + 간접공사비) × 일반관리비율	
		이 윤	[직접공사비 + 간접공사비 + 일반관리비] × 이윤율	
	공사손해보험료	공사총원가 × 손해보험료율		
	부가가치세	[총원가 + 공사손해보험료] × 10%		

04 실적공사비에 의한 예정가격 작성

(1) **직접공사비** : 계약목적물의 시공에 직접적으로 소요되는 비용

(2) 직접공사비 = 재료비 + 직접노무비 + 직접공사경비

(3) 예정가격 = 직접공사비 + 간접공사비 + 일반관리비 + 이윤 + 공사손해보험료 + 부가가치세

(4) 직접공사비는 다음의 비용을 포함한다.

재료비	재료비는 계약목적물의 실체를 형성하거나 보조적으로 소비되는 물품의 가치
직접노무비	공사현장에서 계약목적물을 완성하기 위하여 직접작업에 종사하는 종업원과 노무자의 기본급과 제수당, 상여금 및 퇴직급여충당금의 합계액으로 한다.
직접 공사경비	공사의 시공을 위하여 소요되는 기계경비, 운반비, 전력비, 가설비, 지급임차료, 보관비, 외주가공비, 특허권 사용료, 기술료, 보상비, 연구개발비, 품질관리비, 폐기물처리비 및 안전점검비를 말하며, 비용에 대한 구체적인 정의는 제19조(경비)를 준용한다.

공종별 단가를 산정함에 있어 재료비 또는 직접공사경비중의 일부를 제외할 수 있다. 이 경우 제외할 수 있는 금액의 산정은 별도로 당해 계약목적을 시공 기간의 소요(소비)량을 측정하거나 계약서, 영수증 등을 근거로 하여야 한다.

01 배관 도시기호

종 류		도시기호	종 류		도시기호
급수·급탕	급수관	—•—•—•—	나사 산업형 이음	플랜지	—‖—
	급수주철관	—(— -—(—		유니언	—‖|—
	상수도관	—— — ——	신축 이음	슬리브형	—▭—
	우물물관	——· ——· —		벨로스형	—ﾑﾑﾑ—
	급탕관	——•• —		곡관형	—⌒—
	반탕관	—— ••• —			
배 수	배수관	—— D ——	밸 브	밸브	⋈ ⊣
	통기관	------------		슬루스밸브	⋈
	배수주철관	—(—(—(—		글로브밸브	⋈
소 화	옥내·외 소화전	—— H ——		앵글밸브	↗
	스프링클러	—— SP ——			
	스프링클러 헤드 지관	—○—○—○—		체크밸브	⋈
소화 기구	옥내소화전	▱	밸 브	공기빼기 밸브	⊣φ⊢
	옥외소화전 (스탠드형)	○		전자밸브	Ⓢ⋈
	옥내소화전 (매설형)	□	위생 기구	세정밸브	⊖—
	송수구	⤙		볼 탭	○——○

02 전기 도시기호

1. 전 선

기 호	명 칭	기 호	명 칭
——	천장은폐배선		통과
- - - - - -	노출배선	⊥	접지
— — —	바닥은폐배선	—○—	전선접속
—··—··—	지중매설선	▭○	점검구
—／／／—	전선수 표시	／	수전함

2. 개폐기 및 기기

기 호	명 칭	기 호	명 칭
S	개폐기	WH	적산전력계
Ⓢ	전자개폐기	Ⓣ$_F$	안정기
⊙$_F$	플로트 스위치	Ⓣ$_B$	벨용 변압기
⊙$_P$	압력 스위치	Ⓜ	전동기
E	누전차단기	Ⓗ	전열기
F	컷아웃 스위치	◠	정류기
Ⓖ	발전기	퓨즈	퓨즈
Ⓜ	전동기	↕	피뢰기
Ⓜ$_{kW}$	전동기(용량표시)	⤸	개폐기
유입개폐기	유입개폐기	Ⓐ	전류계
⌇⌇	계기용 변압기	Ⓥ	전압계

3. 스위치 및 배분전반

기 호	명 칭	기 호	명 칭
S	단극 스위치	SD	자동 스위치
S2	2극 스위치		안전개폐기
SP	풀 스위치		배전반
SPL	스위치 겸 표시등		분전반
SRC	조정 스위치		제어반
SWP	방수용 스위치		

4. 화재경보장치

기 호	명 칭	기 호	명 칭
	백열등		화재경보벨
	형광등		화재경보 수신반(A급)
	차동식 스포트형 감지기		화재경보 수신반(B급)
	보상식 스포트형 감지기		경보누름단추
	정온식 스포트형 감지기		경보수신반
	연기감지기		경보벨

5. 전 등

기 호	명 칭	기 호	명 칭
	백열전등		외등
	형광등(20W×1)		형광등(벽)
	형광등(20W×2)		비상등
	형광등(20W×3)		백열전등(벽)

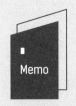

Memo

2025 제28회 시험대비 전면개정

박문각 주택관리사 핵심요약집 **1차** 공동주택시설개론

초판인쇄 | 2025. 4. 10. **초판발행** | 2025. 4. 15. **편저** | 김용규 외 박문각 주택관리연구소
발행인 | 박 용 **발행처** | (주)박문각출판 **등록** | 2015년 4월 29일 제2019-000137호
주소 | 06654 서울시 서초구 효령로 283 서경 B/D 4층 **팩스** | (02)584-2927
전화 | 교재 주문 (02)6466-7202, 동영상문의 (02)6466-7201

판 권
본 사
소 유

정가 18,000원

ISBN 979-11-7262-772-0 | ISBN 979-11-7262-770-6(1차 세트)

박문각
주택관리사

박문각은 1972년부터의 노하우와 교육에 대한 끊임없는 열정으로
주택관리사 합격의 기준을 제시하며 체계적인 학습과 교육 서비스를 제공합니다.

주택관리사의 시작 박문각

주택관리사 시험이 도입된
1990년부터 지금까지 수험생들의
합격을 이끌었습니다.

오랜시간 축적된 데이터

제1회부터 지금까지 축적된
방대한 데이터로 정확한 피드백과
빠른 합격을 자랑합니다.

업계 최고 교수진 보유

최고의 강의로 주택관리사
수험생 여러분의 합격을 위해
끊임없이 연구하고 있습니다.

합격에 최적화된 교재

교수님들이 직접 집필한 교재를 사용하여
필요한 내용만 짚어 간단하고
쉽게 강의를 진행합니다.

박문각
주택관리사

핵심요약집 1차

공동주택시설개론

 2024 고객선호브랜드지수 1위
교육(교육서비스)부문

 2023 고객선호브랜드지수 1위
교육(교육서비스)부문

 2022 한국 브랜드 만족지수 1위
교육(교육서비스)부문 1위

 2021 조선일보 국가브랜드 대상
에듀테크 부문 수상

 2021 대한민국 소비자 선호도 1위
교육부문 1위

 2020 한국 산업의 1등
브랜드 대상 수상

 2019 한국 우수브랜드
평가대상 수상

 박문각 주택관리사
온라인강의 www.pmg.co.kr

 박문각 북스파
박문각 공식 온라인 서점

박문각 www.pmg.co.kr

교재문의 02-6466-7202
동영상강의 문의 02-6466-7201

정가 18,000원

ISBN 979-11-7262-772-0
ISBN 979-11-7262-770-6(1차 세트)